형제자매 갈등 대처하기

형제 자매 갈등 대처하기

최명선 · 송현정 지음

이담 Books

이 책을 펼치는 모든 분께

'마음맑음 시리즈'에 참여한 저자들은 처음부터 책을 쓸 목적으로 만나지 않았습니다. 저희는 아동심리치료에 대한 소신과 열정으로 석·박사 과정에서 성실히 학문적 기초를 쌓고, 워크숍과 임상교육을 통해 심화된 지식을 얻고자 한 사람들입니다. 또한 많은 임상경험과 훈련을 통해 누구보다 내실을 기하며 상담자의 길을 가고자 했습니다. 하지만 치료실에서 아이들을 만나면서 또다시 한계에 부딪히고 더 연구하고 더 알아야 할 것들에 대해 고민하게 되었습니다.

그래서 지식을 더 깊게 하기 위한 마음을 모았고 시간을 쪼개어 함께 공부를 시작했습니다. 정기적인 작은 세미나를 가졌고, 최근 센터에 내원하는 아이들의 주 호소 문제를 분석하며 산발적으로 소개된 관련 내용을 모아 발표하고 토론하는 시간을 가졌습니다. 주제를 발표할 사람, 사례를 발표할 사람, 세미나를 마치고 내용을 종합·정리할 사람들이 열심히 자료를 정리하고 수집하다가, 이 자료를 '더 많은 사람들'과 나눌 수는 없을까 하는 생각을 하게 되었습니다. 그 사람들이란 아이들의 부모님이나 교사가 될 수도 있고, 아동과 관련된 일을 하는 현장 종사자가 될 수도 있으며, 우리들의 동료나 후배, 우리가 가르치는 학생들일 수도, 만나보지는 못했지만 이제 막 상담을 시작하는 초보상담자일 수도 있습니다. 스스로 닥친 문제를 해결하고자 하는 부모님이나 교사들, 각 증상을 가진 내담아동에 대한 지식을 열심히 찾고 있는 학생들, 치료실 안팎에서 아동과 부모를 위해 공부하고 문제를 해결해주고자 정성을 쏟고 있을 상담자들과 자료를 공유하고 싶었습니다.

원고를 쓰기 시작할 때, 상담에 막 입문했던 학생시절, 초보엄마, 초보 상담사 시절을 떠올리며, 그때로 돌아가 보았습니다. 공부와 임상을 오가며 바쁜 나날들을 보냈고, 내담아동과 부모를 위해 지식을 얻고 싶었던 마음은 조급하고도 절실했지만 주어진 지식현장은 그렇지 않았습니다. 갓 들어온 원서를 복사해서 보거나 번역서 관련 내용을 동냥해서 읽는 등 참으로 답답하고 안타까운 시간을 보냈습니다. 최신판 번역서를 읽고 의미를 정확히 이해하고자 원서를 다시 찾아 읽기도 하고, 그것도 안 될 때는 몇몇 부분은 아쉽게 넘겨버린 기억도 있습니다. 그 마음으로 돌아가 쓴 책이라 일반 부모님들께는 다소 어려울 수 있고, 숙련 상담자들에게는 역으로 너무 쉬운 내용일 수도 있을 것입니다. 이 책의 대상에 대해 많은 고민을 했지만, 그냥 단순하게 '필요로 하는 사람들'을 생각하며 내놓겠습니다. 부족하거나 얕은 부분은 약속한 기간까지 더 연구하고 공부하여 개정판에서 발전시켜 선보일 것을 약속합니다.

본 시리즈의 내용은 특정 증상의 특성과 원인, 측정하는 방법에 대해 이해하고, 다양한 치료적 접근 그리고 부모나 교사가 직접 실행해 보거나 그들과의 부모상담에서 사용할 수 있는 구체적인 예방과 대처로 구성되어 있습니다. 마지막으로 아이의 문제로 지치고 힘들어하는 부모님께 상담실 안에서 해주지 못한 저자들의 마음을 편지로 담았습니다.

이제 몇 권의 주제로 시리즈의 첫 문을 두드립니다. 앞으로 우리가 공부하고 함께 나눌 지식은 훨씬 더 많고, 깊으니 갈 길은 멀지만 의미 있는 일들에

설레기도 합니다. 아이들과 부모님들을 돕기 위한 저자들의 고민과 열정의 꽃은 사계절 피어날 것이며 치료자들과 나누고자 하는 마음도 변치 않을 것입니다. 부족하지만 본 시리즈가 관련 어려움을 가진 아동, 청소년들을 만나고 있는 그 누구에게라도 작은 보탬이 되길 바랍니다.

　마지막으로 한국에 놀이치료의 씨앗을 심고, 가꾸어 주시며 많은 치료사들이 탄탄한 훈련의 길을 거쳐 소신을 펼칠 수 있도록 함이 되어주고 계시는 '한국놀이치료학회 1세대 놀이치료전문가' 선생님들께 고개 숙여 감사드립니다. 그리고 직업적 신념과 열정을 잘 이해해주시고 기꺼이 출판의 길을 열어주신 한국학술정보(주) 관계자 여러분들과 책을 마무리하는 데 모두가 한마음이 되어 열심히 해준 아동청소년상담센터 맑음 치료자들과 인턴 선생님들께도 감사의 인사를 전합니다.

맑음 연구실에서
저자 대표 최명선

Contents

PART 01

형제에 대한 모든 것을 이해하자

1. 형제와 형제관계에 대해 이해하기

1) 형제란?

형제! 없으면 보고 싶고, 있으면 귀찮고 얄미운…… 때로는 세상 누구보다 친하고 좋아하지만 때로는 싸우고 갈등하는 그런 존재이다. 외동들에게 더없이 부럽고 간절한 소망은 형제를 가지는 것이다. 형제는 세상 그 무엇과도 바꿀 수 없는 소중한 존재로 좋은 친구의 이름으로는 대신할 수 없는 평생을 함께하는 동반자이다. 피를 나누었다는 것은 그 무엇으로도 설명이 불가하다. 그러나 가끔은 형제가 자신을 힘들게도 한다. 부모의 관심과 사랑을 나눠 가져야 하고 자신의 실수를 곧장 달려가 고자질하는 행동을 참아줘야 하고 재미없지만 놀아줘야 할 때도 있다.

형제의 개념은 일반적으로 생물학적 혈연관계를 맺고 있으면서 서로에게 관심을 갖고 상호작용하는 상호적·호혜적 관련이 있는 사람들을 말한다. 이러한 형제는 일생 동안 두 사람 모두에게 신체적·정서적인 접촉을 통해 영향을 미치며, 사회화의 대리인으로 서로에게 최초이자 가장 강력한 또래관계를 제공하는 존재이다(전귀연, 2006). 따라서 형제관계는 사회적 기술을 시도하고 사회적 상호작용을 경험해볼 수 있는 기회를 제공함으로써 사회성 발달을 위한 좋은 연습환경이 된다. 또한 형제는 운동 및 언어발달, 학습발달, 성격발달, 성역할, 도덕성 등의 아동발달 전반에 걸쳐 돕는 역할을 한다.

형제는 아이들이 경험하는 최초의 작은 사회다. 지지고 볶지만 그 안에 살면서 배워야 할 것을 다 경험할 수 있다는 것이다. 형제와 함께 자란다는 것은 아동에게 어떤 의미가 있을까? 아래에서는 형제가 아동의 발달에 미치는 영향, 즉 형제의 역할이 무엇인지에 대해서 살펴보기로 하자.

2) 형제의 역할

(1) 형제는 친구이자 동료이다

형제는 같은 부모에게 태어나 같은 가정 안에서 함께 살아가면서 많은 시간을 함께 보내게 된다. 따라서 형제의 가장 큰 이점은 함께 지내며 어울려 놀 수 있는 시간이 많다는 것이다. 형제는 특별히 어떤 일을 하지 않아도 함께 있는 친구로서 중요하며 외로움에서 벗어날 수 있게 해준다. 이처럼 같이 놀고 서로의 필요를 인식하면서 앞으로 경험하게 될 사회적 상호작용에 대한 준비를 하게 된다. 즉 형제는 형제와의 상호작용을 통해 놀이친구로서의 역할을 습득할 수 있기 때문에 또래관계에서도 잘 융합될 수 있다.

Bossard와 Boll(1960)은 형제는 친구이자 동료로서 서로 직·간접적으로 도와주고 가르칠 뿐만 아니라 감정을 공유하고, 표현할 수 있는 기회를 제공한다고 하였다. 이러한 사회적 상호작용을 통하여 형제는 주고받기, 협상하기, 문제해결 및 상호협동 등을 배우며 사회화의 대리인으로 서로에게 최초이자 강력한 또래관계를 제공한다. 형제관계는 사회성 발달의 환경을 제공할 뿐 아니라 사회화 기술을 가르친다. 이와 같은 사회화 과정은 형제의 일생에 지대한 영향을 끼치며 서로에게 유익한 서비스 체계가 되어준다.

(2) 형제는 작은 과외 선생님이다

형제는 날마다 접촉하면서 서로를 보고 배우며, 알게 모르게 서로를 가르치는 교사 및 학습자의 역할을 하게 된다. 보통 손위 형제가 동생을 가르치는 입장이 되고, 행동으로 시범을 보이며, 여러 가지 강화행동을 통해 동생의 행동을 조정한다. 어린 동생은 연령이 증가함에 따라 손위 형제에게 관심을 많이 가지며 가까이서 형제의 활동을 보려 하고 형제의 행동을 모방한다. 성역할 학습에서도 실제로 손위 형제는 동생의 성행동유형을 발달시키는 직접적 노력을 하진 않지만, 동생의 행동유형은 손위 형제의 행동유형을 매우 닮게 된다.

형제 중 한 명은 교사 역할을 하고 다른 한 명은 학습자 역할을 하게 되는 교수–학습상황이 형제관계에서 나타나는데, 이때 학습자로서의 아동뿐만 아니라 교사로서의 아동 또한 이득을 보게 된다. Zajonc와 Markus(1975)에 따르면, 어린 동생을 가르치는 경험은 가족구성원 중 가장 연령이 어린 구성원을 제외한 모든 사람에게 지적인 성장을 일으키는 요인이 된다고 하였다.

이렇게 형제간 교수의 역할은 형제 모두에게 이득이 되는 것으로, 성별과 연령차에 따라 다른 특성을 보인다. Cicirelli(1972, 1973, 1975)의 연구에서, 여자형제는 연역적 교수법을 사용하는 반면, 남자 형제는 귀납적 교수법을 사용하는 것으로 나타났으며, 여자 형제들이 교사로서 더 효율적인 측면이 있었다. 또한 손아래 형제들의 경우 오빠나 형에게 배우기보다는 언니나 누나와 같이 여자 형제로 부터 배우기를 원하는 경향이 있었다. 또한 연령차에 대한 연구에서, 연령차가 많이 나는 손위 형제들은 연령차로 인해 손아래 형제에게 있어 보다 권력이 있는 것으로 지각되기는 하지만, 교수 효과는 연령차가 적은 형제들 사이에서 더 큰 것으로 나타났다(Bryant, 1982).

(3) 형제는 작은 부모이다

아무리 사이가 좋지 않은 형제일지라도 자신의 형제가 위험에 처하거나 외부의 공격을 받게 되는 상황에서는 형제를 보호하는 행동을 취한다. 이렇듯 형제는 도움과 지지를 제공하는 보호자 및 양육자의 역할을 한다. 대부분 손위 형제가 보호자의 역할을 하고, 동생은 손위 형제에게 의존하게 된다. 형제를 돌보는 보호자의 역할은 많은 사회에서 이루어지고 있으나, 문화적으로 발전이 덜 된 사회에서 더 많이 이루어지고 있다(Weisner, 1982). 가족 수가 많을수록 이러한 경향은 높아져 형제간의 양육현상이 나타난다. 이러한 형제 양육현상은 3가지로 나타나는데, 첫째, 부모가 무기력하다거나 건강이 나쁠 때 형제자매가 온통 양육을 떠맡는 경우, 둘째, 부모가 어린 아기의 감독과 보호를 손위 자녀에게 위임할 경우, 셋째, 1~2명 정도의 손위 형제가 부모의 보조자로서 역할을 하는 경우 등이 있다(유영주 외, 2000).

그런데 이러한 역할도 손위 형제의 성별에 따라 행동 양상에 차이가 있다.

대개 손위 남자 형제는 동생을 보호하기보다는 지배하려는 경향을 띠는 반면, 손위 여자 형제는 남자 형제보다 동생에게 더 민감하고 기술적으로 상호작용한다(Cicirelli, 1975). 대체로 손위 여자 형제가 손위 남자 형제보다 동생에게 설명을 더 많이 해주며, 피드백도 잘 주고 대화도 많이 한다.

형제를 돌보는 방식은 매우 다양하게 나타나는데, 많은 경우 손위 형제는 손아래 형제에게 독재적·적대적·위협적으로 다루는 과도한 권위적 태도를 보이기도 한다. 이와는 달리 과도한 요구를 하는 동생을 무시하거나 방임하는 손위 형제도 있다. 대부분의 형제 돌보기는 보통 남동생이 있는 누나에게 위임되는 경우가 많다. 또한 Bryant(1989)의 연구에서 부모가 손위 형제에게 동생을 돌보는 책임을 전적으로 위임하지 않았음에도, 손위 형제와 동생 모두 손위 형제가 돌봄 기능을 수행한다고 인지하고 있었다.

(4) 형제는 경쟁자이다

형제간 경쟁은 가정에서 흔히 있는 일이다. 동생이 생기기 전, 첫째 아이는 외동과 같아 다른 형제자매와 부모의 사랑을 나누어 가질 필요가 없으나, 동생이 태어나면 자신이 혼자일 때 받은 애정을 동생에게 빼앗기는 것 같아 질투심을 느끼며 부모의 사랑을 얻기 위해 동생과 경쟁한다. 동생의 경우에는 태어나보니 이미 자신보다 더 크고 힘도 세며 능력 있어 보이는 손위 형제가 존재하고 있다. 이런 상황에서 동생은 부모의 관심이 자신에게 쏠린다는 것을 느끼기 어렵고, 언니나 형이 자기보다 힘이 세고 영향력이 크다는 것을 느끼며 자신이 손위 형제보다 못하다는 열등의식이 싹트게 된다. 동생은 자신도 손위 형제와 마찬가지로 우월해지고 싶은 마음에 손위 형제가 하는 활동, 가지는 물건들을 똑같이 요구하며 형제간 경쟁상황을 일으킨다. 이러한 경쟁관계는 형제간의 연령차가 적을수록, 나이가 어릴수록 더욱 심하게 나타난다.

형제간의 경쟁적 상호작용에 대한 인식을 통해 아동은 자신의 힘이나 영향이 어떻게 작용하는가를 학습하기도 한다. 동생은 형을 큰 힘을 행사하는 지휘자로 생각하며, 형도 자신을 그와 같이 인식한다. 형은 명령하고 꾸짖고 벌을 주며, 지배하고 신체적으로 구속하며 공격하고 상을 주기도 한다. 또한 동생의 권리를 박탈하기도 한다. 반면, 동생은 항변하고 울거나 토라지기도 하고 성가시게 굴거나 괴롭히고 당황하게 만든다. 또한 도움이나 동정을 구하고 화를 내기도 하며 고집을 부리기도 한다. 이렇듯 아동은 형제와의 상호작용을 통해서 자신뿐만 아니라 상대방의 여러 가지 역할까지도 습득하게 되고, 이러한 과정에서 자신에 대해 알고 아울러 상대방의 입장에서 생각하는 능력도 발달시키게 된다.

(5) 형제는 중재자이자 협력자이다

형제는 부모 자녀 간 또는 부모와 가족 밖의 일을 중재하거나 대변해주는 역할을 한다. 예를 들어, 아동은 가끔 어린 동생의 말을 부모에게 이해시키는 숙련된 해설자 노릇을 한다. 연구에 의하면 학교에서 어려움을 당한 경우, 형제로부터 많은 지지를 받은 아동이 그렇지 않은 아동보다 학교생활에 더 잘 적응하는 것으로 나타났다. 때로 형제는 부모에게 혼나거나 꾸중듣는 상황에서 방패막이나 증인이 되어 주기도 한다. 즉, 형제자매 중 한 사람이 부모와 의견충돌이 발생하면 그 사이에 끼어들어 중재를 하기도 하고, 서로 힘을 합쳐서 부모와 협상을 하기도 한다. 또한 형제자매 사이에 갈등이 발생할 때 친밀하거나 영향력이 있는 형제와 제휴하여 문제를 해결하고 갈등을 해소하기도 한다. 이러한 과정을 통하여 형제자매는 밀접한 유대관계를 형성하고 문제해결과 적응방법을 배워나가게 된다.

그러나 일부 형제들은 다른 형제들의 도움을 자신을 지배하거나 조정하는 것으로 인식하는 경우가 있다. 그러나 형제 사이에 온정적이고 협조적인 관계를 유지하고 있는 경우, 손위 형제의 도움을 긍정적으로 인식하는 것으로 나타났다. 즉, 이것은 관계가 온정적이고 친밀한 경우 도움의 행위도 많고 그 도움의 행위를 긍정적인 것으로 인식한다는 것을 알 수 있다. 그러므로 다른 형제의 도움이 자신에게 진정한 도움이라고 지각하도록 하기 위해서는 먼저 형제관계 자체가 친밀하고 애정적이어야 할 필요가 있다.

3) 한솥밥 먹은 우리 형제 왜 다른가?

형제는 같은 부모로부터 유전인자를 물려받아 혈연관계를 맺고, 한 가정에서 많은 시간을 함께 보내며 일상생활 중에 서로 긴밀한 경험을 함께 나눈다. 즉, 형제는 유전적 원천이 같고 환경을 공유하므로 관련 없는 사람들보다는 비슷하다고 생각할 수 있다. 그러나 형제에 대한 연구결과를 보면, 한 가족 내의 형제는 비슷하기보다 다르다. 이러한 형제 차이는 유전적 차이와 환경적 차이에서 온다. 그런데 유전적 차이로 형제간 차이를 설명하기 위해 실시된 쌍생아 연구나 입양아 연구에서 형제의 성격, 정신병리학, 인지에 있어서의 형제 차이를 설명하지 못하고 있다(Scarr & Grajek, 1982). 또한 Dunn과 Plomin(1986)은 거의 모든 환경의 영향이 같은 가정에서 자라는 아이들을 비슷하게 만드는 것이 아니라 다르게 만든다고 하였다. 형제는 겉으로 보기에는 대부분의 환경을 공유하는 듯이 보이지만, 실제로 다른 경험을 하고 있는 것이다. 여기서 말하는 다른 경험은 형제가 공유하지 않는 경험으로 이것이 형제간 차이를 이끈다. 형제간 차이를 이끄는, 형제들이 공유하지 않는 환경에 대해 살펴보고자 한다.

(1) 집 밖에서 얻는 다른 경험

아이는 성장하면서 자연히 활동범위를 넓히게 된다. 집에서 부모나 형제와만 접촉하던 아이는 점차 집 밖으로 나가 새로운 환경을 접하고 새로운 사람을 만나는 경험을 하게 된다. 물론 일상생활에서 긴밀한 경험을 나누는 형제이기 때문에 집 밖에서도 공유하는 환경이 많으나 성장할수록 형제들은 집 밖에서 서로 다른 환경, 즉 서로 다른 놀이 친구들, 다른 교사들, 서로 다른 사건을 경험하게 된다. 집 밖에서 서로 다르게 경험하게 되는 환경적 차이는 형제 특성에 영향을 준다.

(2) 부모가 제공한 다른 경험

부모는 형제가 공유하는 기본단위이지만, 형제에게 공유하지 않는 경험을 제공하는 사람 중 하나 역시 부모이다. 부모는 언제나 자녀들에게 똑같이 대한다고 하지만, 정말 그럴 수 있을까? 부모의 차별적 대우나 행동은 미루어둘지라도, 일반적으로 자녀의 연령에 따라 부모의 양육태도는 다르게 나타난다. 즉, 부모는 열 살짜리 아이와 다섯 살짜리 아이를 대할 때 말투도, 기대도, 요구도, 애정 표현도 다르다. 부모뿐 아니라 형제 역시 형제들을 다 르게 대한다. 형제 역시 형과 동생을 다르게 대한다. 또한 부모나 형제가 비슷하게 대한다고 해도 아이가 다르게 경험할 수 있다. 이렇듯 형제는 같은 가정에서 자라고 같은 환경에 노출될지는 모르지만, 분명 다른 경험을 한다.

Dunn과 Stocker(1989)의 연구에 의하면, 가족 내의 형제들에 대한 부모의 차별적인 대우, 형제간 상호작용(서로의 행동들에 대한 아동들의 인지와 해석을 포함), 형제가 경험하는 사건들의 결과와 같은 공유하지 않는 환경이 형제간 차이에 영향을 미치는 것이 분명하다. 그중 하나가 부모의 차별적 양육으로, 많은 연구들에서 자녀들은 부모의 차별적 양육을 경험했다고 보고한다(Furman & Buhrmester, 1985; Daniels, 1986; Daniels, Dunn, Furstenberg & Plomin, 1985). 특히 부모의 차별적 대우로 한 형제가 자신을 불행하다거나 좋지 못한 아이라고 지각하는 경우, 이것이 형제관계나 적응과 관련이 있다고 밝혀지고 있어, 부모의 차별적 대우가 형제 차이에 영향을 준다고 볼 수 있다.

(3) 개인의 기질로 인한 다른 경험

기질이란 개인의 성격을 결정짓는 심리적 특성으로, 형제 특성이나 관계에 영향을 주는 선천적인 요인 중 하나이다. 여러 연구들에 따르면, 형제간 기질의 차이가 형제관계에도 영향을 주고 형제 개인차에도 영향을 미친다고 한다. 그러나 그보다 중요한 것은 기질 자체보다는 부모-자녀관계나 형제관계에서 두 개인 기질이 어떻게 조합되느냐가 더 큰 영향을 준다는 것이다(Munn & Dunn, 1988). 예를 들어, 두 형제가 장난감을 가지고 다투게 될 때, 두 형제 모두 강하고 융통성이 없는 기질을 가진 경우보다는 까다로운 기질의 형제와

순하고 융통성 있는 기질을 가진 형제인 경우가 문제해결도 쉽고 형제관계도 원만할 것이다. 또한 두 형제집단에 대해 부모가 똑같은 개입을 할지라도, 부모 개입에 대한 만족도나 수용 여부는 형제 각자의 기질에 따라 다르게 나타날 것이다. 즉, 형제는 자신에 대한 부모나 형제의 영향력을 자신의 해석에 따라 다르게 인식하기 때문에 부모나 다른 형제와 유사한 특성을 만들지 않는다. 게다가 사건 발생 당시의 아동의 연령, 아동의 성별, 신체적 외양(매력, 부모와 닮은 정도)이 성격발달에 영향을 주는 경향이 있다. 결국 형제 차이 정도는 성격 특성이라기보다 태도와 가치와 같은 변수에서 형제가 얼마나 유사한지에 달려 있다고 볼 수 있다(전귀연, 2006).

(4) 결정적 생활사건 경험

형제들에게서 나타나는 서로 다른 특성들은 그들이 겪은 다양한 결정적 사건들의 영향에 의해 설명될 수 있다(Dunn, 1984). Dunn은 아동의 생활에서 발생되는 결정적인 사건이 아동의 세계를 변화시키고, 이렇게 변화된 세계에 대한 아동의 반응은 아동의 감정이나 믿음, 타인에게 행동하고 관계하는 방법들 또한 변화시킨다고 하였다. 예를 들어 다른 형제의 출생, 가족구성원의 질병이나 입원, 부모나 형제의 죽음, 이혼과 재혼 등의 결정적인 사건들이 형제 특성과 형제관계에 커다란 영향을 미친다고 할 수 있다.

아들러(Adler)는 '형제자매간의 위치에 따라 가족 안에서 경험하는 것들이 상이하고 그것이 인성발달에 미치는 영향이 크다'고 말하며 출생순위의 중요성을 강조하였다. 그만큼 다른 형제의 출생으로 인한 가족 내에서의 위치 변화는 형제 각각에게 큰 영향을 미치는 결정적 사건이라 할 수 있다. 첫째 아이의 경우 동생이 태어나기 전까지 경쟁상대 없이 외동으로서 특권을 누리며 부모의 사랑과 관심을 독차지한다. 그러다 둘째가 태어나면 첫째 아이는 외동의 위치에서 손위 형제 역할을 하도록 기대되고 동생에게 모범을 보이도록 요구된다. 이때 동생과의 터울이 적고 준비가 되지 않은 첫째 아이 는 부모의 사랑을 얻기 위해 퇴행행동을 하기도 한다. 둘째 아이의 경우, 처음부터 손위 형제가 있는 환경에서 태어나 자기보다 능력 있는 상대자와 경쟁하면서 살아가다가 동생이 태어나면 중간 아이로 위치가 바뀌며 경쟁상대가 늘어나는 경험을 하게 된다. 이에 따라 첫째 아이와 막내 사이에 끼여서 관심과 보호가 줄어드는 것을 경험하며 손위 형제와 동생 사이에서 살아남는 방법을 터득하고 적응력을 키우며, 여러 형제 중에서 자신의 존재가치를 찾고 알리려는 행동을 하게 된다. 이렇듯 형제자매는 성장과정에서 새로운 형제의 출생으로 인해 각자 상이한 경험을 하게 되고, 이러한 경험은 형제들의 성격특성에 영향을 미친다.

부모의 이혼이나 재혼 또한 성격특성에 영향을 미치는 결정적인 사건으로, 그 영향력은 형제의 유무에 따라 다르게 나타난다. Kempton, Armistead, Wierson 및 Forehand(1991)는 형제가 있는 청소년과 없는 청소년의 부모 이혼 후 행동을 비교하였더니, 형제가 없는 청소년에게서 더 많은 문제들이 나타난다는 사실을 발견하였다. 이것은 형제의 존재가 이혼 스트레스의 영향을 완화시킨다는 것을 의미한다. 아마 부모 이혼 후 형제들은 서로의 감정과 관심을 공유하기 위해, 그리고 서로에게 편안함을 제공하기 위해 더 가까이 다가갈 것이다.

2. 형제가 자라면 형제의 의미도 달라진다

형제관계는 둘째 아이의 출생으로 시작되어 한 형제가 죽을 때까지 가장 오래 지속되는 관계로, 형제들은 전 생애를 통하여 긍정적이든 부정적이든 서로 영향을 주고받으며 자라게 된다. 이렇듯 전 생애를 통하여 개인의 행동과 발달에 영향을 주는 형제관계는 형제자매의 발달단계에 따라 조금씩 다른 관계양상을 나타낸다. 즉, 형제가 유아기, 아동기, 청소년기, 성인기의 발달단계를 거치며 성장하는 과정에서 형제관계 또한 변화와 성장을 지속하게 된다. 따라서 형제자매관계 양상을 보다 심층적으로 알아보기 위해 각 발달단계별 형제자매관계의 특성을 살펴보고자 한다.

1) 영유아기 형제관계의 특성

(1) 새로운 동생으로 인한 정상적인 갈등기!

새로운 가족구성원의 등장은 가족 모두의 일상생활에 큰 변화를 가져온다. 특히, 아직도 엄마의 품을 호시탐탐 노리는 영유아기의 첫째 아이에게 동생의 출현은 반가운 일만은 아닐 것이다. 첫째 아이는 동생이 태어난 것을 반가워하는 긍정적인 반응과 함께 그동안 혼자 받아왔던 부모의 관심과 한정된 가족 자원 등을 동생과 나눠야 하는 상황에 대해 심리적으로 스트레스를 받게 된다(Volling, 2005). 이러한 심리·정서적 부담으로 인해 영유아기에 있는 첫째 아이는 극단적으로는 잘 가리던 소변을 가리지 못하는 등의 배설문제나 울고 매달리는 등의 더 어린 나이로 돌아가는 퇴행행동을 보이기도 한다.

첫째 아이는 동생의 출생으로 인해 일상생활에서 엄청난 변화와 갈등을 겪게 되고 이러한 상황을 받아들이고 적응하는 데는 시간이 걸릴 수밖에 없다. 첫째 아이가 이러한 정상적인 갈등기를 잘 거치도록 하기 위해서는 어머니의 임신 기간 중에 동생의 출생에 대해 준비시키는 것이 필요하다. 실제로 Dunn과 Kendrick(1982)은 손위 형제가 동생이 태어나는 사건에 대해 미리 준비를 하는 경우, 손위 형제의 적응이 보다 용이하다는 것을 발견하였다.

(2) 때로는 큰 충격을 경험하기도 한다!

영아기 큰아이는 아직 인지발달이 미숙해서 동생을 낳으러 병원에 가는 엄마의 입장에 대해 잘 이해하기 어렵다. 아무리 부모가 잘 설명하더라도 큰아이의 이해능력 밖이다. 아이 입장에서 보면 며칠간 그리웠던 엄마를 만나러 병원에 갔는데 엄마가 초췌한 모습으로 동생에게 젖을 물리고 있다면 놀라지 않을 수 없다. 특히 엄마의 출산과 조리를 핑계로 충분한 설명 혹은 동의 없이, 큰아이가 마음의 준비를 못한 상태에서 한 달이나 삼칠일 이상을 강제로 엄마와 분리된 경우, 집에서 엄마의 산후조리 기간에 함께 있는 경우라도 엄마와 주변 성인의 반응이 부적절했을 경우(지나치게 아기와 산모 위주이거나, '너는 이제 형(언니)이니깐!' 혹은 '동생은 엄마 거야', 매번 '엄마 아프니깐 그러면 안 돼!' 등의 반응)에 큰아이들의 경험은 참으로 충격적일 것이다.

(3) 동생이 자라면 일상 그 자체가 스트레스!

동생의 운동능력이 발달하면서 첫째 아이의 내면에 많은 갈등이 생기기 시작한다. 엄마와 애착이 잘 형성되어 있는 경우나 동생과의 만남이 적절하고 순탄하게 이루어져 적응이 된 경우에 대부분의 첫째 아이는 누워 있는 동생과는 큰 문제나 갈등 없이 지낼 수 있다. 그러나 누워만 있던 동생이 기는 등의 움직임을 시작하면서(9~10개월) 첫째 아이의 먹을 것을 잡거나, 장난감을 헝클어 놓거나 하게 되는 경우 첫째 아이는 드디어 스트레스를 받기 시작한다. 둘째 아이가 15~18개월이 될 때까지는 혼자 두기에는 위험천만한 시기이다. 그들의 행보는 잘 걷지 못하고 어디든 기어 올라가고 부딪치고 만지고…… 첫째 아이의 평온했던 일상들이 위태위태해진다. 이때부터 본격적으로 형제간의 신체적인 직·간접 접촉으로 인한 갈등이 시작된다. 엄마들은 동생의 행동에 더욱 신경을 쓰게 되고 더욱 옆에 밀착하거나 사건 사고 직후 옆에 잘못 없이 서 있던 첫째 아이를 야단치는 일도 생겨난다.

이 시기 위와 같은 부모의 부적절한 양육태도는 영유아기 형제들의 갈등이 심해지는 중요한 원인으로 작용하기도 한다. 순전히 부모 자신의 개인 심리적인 문제로 형제 중 한 명을 편애한다든가, 부모의 기질과 더 맞는 아이 나 부모가 원했던 기질의 아이를 편애할 수도 있다. 또는 발달 시기상 4세나 7세의 큰아이가 문제를 더 일으킨다거나 자기주장이 뚜렷해지면서 상대적으로 열세에 있는 작은아이를 편애하는 경우도 있는데, 이러한 부모의 편애적 태도는 영유아기 형제들 간의 갈등의 골을 깊어지게 만든다.

(4) 그래도 형제애착의 꽃은 피어나고 서로 사랑하며 성장해 나간다!

앞에서 살펴본 바와 같이, 동생의 출생으로 인해 첫째 아이는 변화와 갈등을 경험하면서 미성숙한 행동이나 퇴행행동을 나타내기도 한다. 그러나 연구에 따르면, 형제자매가 출생하면서 첫째 자녀의 행동문제가 증가하는 경향을 보였으나 이는 일시적이며, 다시 안정을 찾는 것으로 나타났다(Baydar, Hyle & Brooks-Gunn, 1997). 즉, 동생의 출생으로 경쟁자, 질투의 대상이었던 형제관계는 손위 형제가 동생의 출생에 따른 변화에 적응해가면서 상호 정서적 지지자로서의 역할을 수행하기 시작한다.

생후 첫 1년 동안 점차 첫째 아이와 동생의 놀이는 증가하고, 서로에게 주의를 기울이고, 말도 하고, 서로를 모방하기도 한다. 또한 형제의 연령이 증가함에 따라 동생은 형제관계에 있어서 더 적극적으로 참여하려고 하고, 형은 동생과의 관계에 더 많은 관심을 보인다(Brown & Dunn, 1992; Munn & Dunn, 1988). 손아래 형제가 대략 3~4세가 되면 형제관계는 더 중요해지는데, 동생은 형의 활동적인 놀이에 참여하기 시작하고, 갈등상황이 생기기 시 작한다. 또한 동생은 형과 함께 어머니와의 상호작용에 참여하기 시작하여, 이러한 참여가 가족생활에서 보다 많아지게 된다(Dunn & Shatz, 1989). 영유아기 단계에서 손위 형제는 어린 동생과 상호작용하여 사회적 기술을 획득하고, 손아래 형제는 손위 형제를 모방함으로써 인지적 능력을 획득하는 경향이 있다(Teti, 1992).

2) 아동기 형제관계의 특성

(1) 초기 아동기의 좋은 관계는 성장 이후 좋은 관계의 초석이 된다

아동기 형제관계는 영유아기에 형성된 긍정적인 상호작용이 유지되는 시기이다. 또한 아동기는 생의 다른 주기보다 형제자매들이 직접 접촉하며 서로 경쟁하고 가족 내의 자원을 공유하는 시기로, 아동기의 형제관계는 이 후에 나타나는 것보다 매우 강하게 맺어져 있다. 따라서 아동기의 좋은 형제관계는 미래 형제간의 좋은 유대관계의 초석이 된다. 어린 시절 형제가 애정적인 관계를 잘 이루면 크면서 친밀함과 보살핌으로 변화되어 성인기 후기까지 좋은 관계가 유지된다. 학령기 이전부터 중기 아동기까지 4년간 형제들을 추적한 연구에 따르면, 손아래 형제나 손위 형제 모두 아동 초기의 긍정적인 관계의 질이 중기 아동기까지 지속되는 것으로 나타났고, 관계의 부정적인 측면도 지속성을 보이고 있었다(Dunn, 1992).

> **주의**
>
> 만약 영유아기의 갈등이 해결되지 않고 골이 깊어졌을 때 아동기를 맞이한다면 이 시기 형제관계는 더욱 악화된다. 아동기의 형제간의 심리적 갈등은 부모의 현명한 대처로 해결이 가능하지만 만약 그렇지 못할 시에는 전문적인 도움이 필요하다. 특히 부모의 역기능적 양육태도가 형제관계를 악화시키는 경우는 더욱 양육방식에 대한 전문적 도움을 받아 형제관계 문제를 중재·예방해야 한다.

아동기에 놓인 형제들은 환경에 많은 변화를 경험하게 된다. 특히 손위 형제는 학교에 입학하면서 새로운 환경을 경험하게 된다. 학교생활에 대해 손위 형제는 동생이 학교에 입학할 준비가 되었을 때 학교 관련 문제들에 대해 동생을 도와줄 수 있다. 이러한 과정을 거치면서 아동기 형제는 친밀감이 깊어지고, 동료의식을 형성한다. 또한 서로에게 정서적 지지와 숙제 도와주기, 돈 꿔주기, 서로를 보호하기 등의 직접적인 서비스를 제공해주기도 한다. 아동기의 형제자매는 서로를 다양한 주제의 조언자로서 중요하게 여겨 이 시기의 형제는 부모에게 이야기할 수 없는 주제에 대해 서로 이야기하고 조언을 해준다(Rittenour, Myers & Brann, 2007). 연구에 의하면, 손아래 형제는 부모와 말하기 곤란한 주제들에 대해 부모보다는 형이나 누나와 함께 이야기하며 그들의 충고에 따른다고 한다(Bryant, 1992).

(3) 평등하고 균형 잡힌 형제관계로의 발전

형제들의 연령이 증가함과 더불어 형제관계는 더 평등하고 균형을 이루게 되면서 그들 간의 권력, 지위의 구조에서 변화를 보인다. 즉, 동생이 나이가 들수록 능력을 갖게 되고 더 독립적이 되면서 형제간의 발달적 지위가 유사하게 되고 형제관계는 조화를 이루고 평등하게 된다. 따라서 손위 형제는 부모자녀관계와 또래관계에서는 가질 수 없었던 권위를 형제관계에서 갖고 있었으나 동생의 능력이 증가함에 따라 이를 포기해야 하는 상황에 처한다. 이러한 상황으로 인해, 손위 형제에 대한 동생의 적대감은 연령에 따라 감소하는 데 반해 동생에 대한 손위 형제의 적대감은 감소하지 않는다.

이처럼 이전보다는 더욱 평등하고 균형 잡힌 관계로 발전하는 아동기 형제관계는 부모의 양육태도에도 변화를 가져온다. 유아기에는 맏이에 대한 양육의 관심이 새로 태어나는 둘째에게 이동되는 것이 특징이었다면, 아동의 나이가 열한 살 또는 열두 살 정도가 되면 맏이에 대한 양육의 부담이 줄어들면서 다른 자녀들에게 보다 균형 있게 부모의 관심을 쏟을 수 있게 된다.

주의

이 시기에 두 자녀 간 능력차가 심한 경우 의도치 않게 형제 갈등이 생긴다. 큰아이 스스로 작은아이의 능력과 비교하여 열등감을 보이는 경우나 부모의 비교로 갈등을 보이는 경우가 있다. 부모는 각자 자녀가 가지고 있는 장단점을 인식할 수 있도록 도와 서로에 대한 열등감으로 관계를 악화시키지 않도록 돕는다. 형제간 비교는 자존감을 낮추는 매우 빠른 지름길이다.

(4) 때로는 피의자와 피해자가 되기도 한다

이 시기 형제들에게 중요하게 유의할 점은 부모의 감독에서 벗어나게 되면서 형이 동생에게 신체적으로 성적으로 학대를 하는 경향이 있다는 점이다. 실시간 부모의 감독도 중요하지만 한쪽 자녀가 부모에게 일어난 일을 이야기했을 때 귀 기울여 들어주고 사건을 적극적으로 해결하는 태도가 필요하다. 심각한 신체적 학대인데도 불구하고 남자 형제간에 쉽게 일어나는 일로 치부하거나 오빠의 성적학대 행동에 대해 장난이었을 것이라고 넘어간다면 손아래 형제는 형제에 대한 분노와 더불어 보호막이 되어주지 못한 부모에 대한 원망감도 함께 쌓여갈 것이다.

3) 청소년기 형제관계의 특성

(1) 큰아이도 작은아이도 형제로부터 자유로워진다

형제들이 성장하면서 아동기에 보다 평등하고 균형 잡힌 관계로 발전했던 형제관계는 청소년기에 들어서면서 보다 대등한 입장에서 친하게 되는 변화가 지배적으로 나타난다. 이러한 변화는 손위 형제나 손아래 형제 모두에게 도움이 되는데, 동생은 독립심이 생기게 되고, 형은 동생을 돌보아야 하는 책임감에서 벗어날 수 있어 청소년기의 형제는 자유를 누릴 수 있게 된다(Buhrmeste, 1992).

> **주의**
>
> 이 시기 형제들은 충분히 성장하면서 동생은 독립심이 생기고 형은 동생을 돌봐야 하는 책임감에서 벗어나게 되어 형제 모두 자유를 누릴 수 있다. 그러나 아동기 형제관계에서도 언급했듯이 손위 형제는 부모자녀관계와 또래관계에서는 가질 수 없었던 권위를 형제관계에서 갖고 있었으나 동생의 능력이 증가함에 따라 형제관계가 평등해지면서 권위를 포기해야 하는 상황에 놓인다. 이러한 상황에서 동생에 대한 손위 형제의 적대감은 감소하지 않아 형제관계에 부정적 영향을 미칠 수 있다. 만일 성장하면서 동생이 형보다 뛰어난 능력을 보이거나 신체적 우위에 놓이게 되면, 형제간의 서열이 뒤바뀌며 갈등이 심해질 수 있다. 이런 경우 부모의 태도와 역할이 중요한데, 부모가 먼저 손위 형제를 형으로서 대우하고 세워줌과 동시에 각자 자녀가 가지고 있는 장단점을 인식할 수 있도록 도와야 한다.

형제가 청소년기에 접어들면 심리적 독립성을 추구하고, 가족 외부세계에 대한 관심이 커지며, 가족관계의 몰입 정도가 줄어들면서 아동기에 비해 형제관계의 긍정적인 관계유형인 친밀감, 지지, 동료의식이 약해진다(Brody, Stoneman, McCoy & Forehand, 1994). 즉, 아동기 이후 점차 관심이 가족에서 또래관계로 넘어가고 이것은 청소년기가 되면 이성과의 관계에 대한 관심이 커지면서 형제자매간의 심리적·정서적 긴밀함이 약해진다. 그러나 초기 청소년기의 약화된 긍정적인 형제관계는 이후 후기 청소년기에 들어서면서 다시 강화되는 경향을 보인다.

Brody(1994) 등은 형제가 사춘기에 접어드는 시기의 형제관계를 연구한 결과, 이 시기에는 부모와 자녀가 갈등을 겪는 것과 유사하게 손위 형제가 형제관계에서 갈등을 느끼는 것으로 나타났다. 또 다른 연구결과 성인이 된 사람들에게 인생에서 가장 형제관계가 좋지 않았던 때를 질문했을 때 청소년기로 답하는 사람이 많았다고 한다. 그 이유에 대해 그들은 청소년기 그 자체가 아주 급격한 변동의 시기였기 때문에 다른 형제의 행동이나 성격의 변화를 받아들이는 것이 서로 어려웠다고 회고하였다. 반면, Stewart, Kozak, Tingley, Goddard, Blaker과 Gassel(2001)의 연구결과에서는 청소년기에는 외부세계에 대한 관심이 증가하고 집 밖에서 보내는 시간이 많아지면서 오히려 청소년기 형제는 싸우거나 논쟁할 기회가 줄고 라이벌과 경쟁의식이 약화되어 갈등이 줄어들었다. 즉, 부정적인 형제관계인 갈등 역시 앞에서 언급한 긍정적인 형제관계와 동일하게 청소년기에 진입하는 시점에서는 증가하였다가 후기 청소년기로 접어들면서 갈등이 점차 감소하는 경향을 보였다.

3. 가족마다 다른 형제관계 특성

1) 쌍둥이 형제

쌍둥이들은 태 내에서부터 함께 지낼 수밖에 없는 독특한 환경조건으로 인해 서로에 대한 동료의식을 갖고 태어나 서로 자극을 주고 배우면서 자란다. 협동놀이를 하려면 아직 먼 갓난아기 때부터 쌍둥이는 서로의 행동을 지켜보고 따라 하며 모든 발달단계에서 도움을 주고받는다.

먼저, 출생 후 초기 몇 주 동안 쌍둥이들은 서로 간의 신체적인 친밀감을 통해 많은 안정감을 얻고 이러한 안정감은 부모와 형제들과 유대감을 형성하는 단단한 발판이 된다. 대부분의 쌍둥이 부모들은 쌍둥이들을 서로 다른 곳에 떨어뜨려 놓았을 때 칭얼거리다가도 쌍둥이들을 나란히 눕히자 조용해진다는 보고를 한다. 또한 쌍둥이들이 떨어져서 잠들었다가도 시간이 지나면 서로 신체 부위가 닿아 있을 때가 많다는 보고도 있다. 생후 6개월이 지나면 쌍둥이들은 서로의 걱정이나 고통을 알아보고 서로를 위안해주기 시작한다. 걸음마 시기가 되면 쌍둥이들은 일반가정 아이들에 비해 훨씬 뛰어난 공감능력을 보인다. 이러한 쌍둥이들 간의 유대감은 부모와의 유대감과 동시에 발달한다(Patricia & Janet, 1999). 3세 무렵부터 쌍둥이들은 그동안 서로가 경험했던 공유와 협력을 또래 아이들에게 적용해서 다른 아이들과 사귀기 시작하는데 일반가정 아이들보다 훨씬 더 협력적이고 쌍방향활동을 잘한다. 반면 쌍둥이들은 자기들끼리의 친밀한 유대감과 서로에 대한 공감능력 때문에 다른 아이들과의 의사소통능력이 더디게 발달하는 경우도 종종 있다. 유아기 쌍둥이들은 친구에 대한 선호나 각자의 개성을 강하게 드러내기 시작한다. 서로 다른 학급에 배정된 쌍둥이가 독립심이 더 증가하고 친구들을 많이 사귀지만, 협동심의 발휘는 학급배정과 상관이 없는 것으로 나타나 쌍둥이들의 공감과 협동심은 자궁을 공유한 동료의식처럼 어느 정도 타고나는 성향으로 보인다.

앞에서 살펴본 것처럼, 쌍둥이들은 태 내에서부터 동료의식을 갖고 출생하여 서로의 존재에 의해 정서적 안정감과 위안을 얻고 서로 동기를 부여하고 자극을 제공하며 성장해나간다. 그러나 모든 형제관계에서 형제들이 부모의 관심과 사랑, 자원을 함께 공유하는 과정에서 경쟁과 갈등을 경험하는 것 처럼 쌍둥이들의 형제관계에서도 이는 예외가 아니다. 오히려 쌍둥이들은 심리적인 단계와 발달단계가 늘 비슷하기 때문에, 부모의 관심에서부터 가지고 노는 장난감에 이르기까지 똑같은 것을 얻으려는 욕심에 더 치열한 경쟁을 하게 되고 이는 형제관계를 해칠 수 있다(이주연 역, 2004). 또한 쌍둥이는 나이가 같기 때문에 부모는 아이들이 동일한 발달단계에 있다고 생각할 수 있다. 그러다 보니 쌍둥이들은 다른 형제들에 비해 서로 비교당하는 경우가 더 많고 이로 인해 경쟁과 갈등이 심해지기도 한다. 같은 나이의 아동이라 하더라도 발달상에는 개인차가 있듯이 쌍둥이의 발달과정에도 개인차가 있을 수 있음을 기억해야 한다. 쌍둥이 중 한 아이의 발달과 행동을 다른 아이의 행동을 재는 잣대로 사용하여 둘을 비교할 것이 아니라 그 단계에서 정상이라고 여겨지는 범위를 생각하는 것이 도움이 된다.

2) 장애아동 가정의 형제관계

장애아동 가정의 가족들은 심리적·경제적·관계적인 면에서 일반가정의 가족보다 많은 어려움을 경험하게 된다. 무엇보다 장애아동의 형제는 장애아동과 전 생애에 걸쳐 가장 많은 시간을 함께하며 많은 영향을 미치는 중요한 가족구성원으로 장애아동의 보호자 및 부모의 대리자 역할을 하게 되며 장애아동의 사회화에 중요한 역할을 하게 된다(김경진, 1994). 부모 대리자로서의 이러한 양육적 부담은 장애아동의 형제들에게 심리적·정서적 갈등이나 어려움을 초래한다. 특히, 장애아동의 손위 형제가 손아래 형제에 비해 더 많은 책임감을 가지고 있고(김영숙, 2001; 신혜정·강위영, 2001), 장애아동의 형제 중 남자 형제보다 여자 형제들이 더 큰 부담을 가지고 있으며 자아개념이 부정적이고 좌절감을 더 많이 경험한다(정은순, 1993).

또한 장애아동의 형제들은 부모의 돌봄과 관심이 장애형제에게 과도하게 집중되어 있기 때문에 서운함이나 분노를 경험하기도 한다. 어떤 형제들은 장애를 가진 형제들과 어떻게 상호작용해야 하는지에 대해서 두려움과 걱정을 가지고 있고, 심지어 자신들이 건강하다는 것에 대해서 죄의식을 느끼기까지 한다(Powell & Gallagher, 1993). 그러나 많은 장애아동의 형제들이 부모들이 가정에서 장애형제를 우위에 두는 것에 대해 받아들이고, 이것을 장애형제에 대한 분노나 거부감으로 나타내기보다는 오히려 부모들이 하는 태도나 역할을 동일시하거나 장애형제들에게 편안하고 배려하는 관계를 형성하기 위하여 노력한다고 한다. 그리고 장애아동의 형제는 장애형제에 대해 높은 이해심과 이타심을 보였을 뿐 아니라 장애형제가 나타내는 행동의 차이도 잘 이해하는 것으로 나타났다(Grossman, 1972). 장애아동의 형제들이 나타내는 성숙된 모습이나 배려, 수용 등을 긍정적인 측면으로 볼 수도 있으나, 이는 부모의 관심과 손길이 장애아동에게 집중될 수밖에 없는 현실에서 부모에게 인정받기 위해 환경에 수동적으로 자신을 맞추고, 욕구좌절과 갈등을 해결하려고 노력하기보다는 수용하는 쪽을 선택한 것으로도 이해될 수 있다.

장애아동과 그들의 형제관계는 부모의 태도에 의해 영향을 받는다. 부모가 장애아동의 장애에 대해서 긍정적 인식을 가지고 대하면 장애아동의 형제들도 보다 수용적이며 지지하는 태도를 가진다(김영숙, 2001; 임종호, 1999). 그리고 장애아동의 형제에게 부과된 책임감 수준이 적절하다면 그들은 장애아동에게 긍정적인 태도를 취하게 된다. 하지만 그들에게 부과된 책임감 수준이 과도하다면 그들은 장애아동에게 부정적인 태도를 취하게 된다. 부모들이 장애아 형제에게 요구하는 책임감이나 역할 기대가 과도하면 부정적 자아개념과 좌절감을 경험하게 만든다(정은순, 1993).

3) 재혼가정의 형제관계

재혼가정의 형제관계는 다른 가정에 비해 형태나 유형이 복잡하고 형제들이 경험하게 되는 변화 또한 다양하다. 우선, 부모가 각각 이전 결혼에서 얻은 아이를 데리고 재혼을 하는 경우 혈연적 연관성 없이 부모의 결혼에 의해 낯선 아이와 형제관계를 형성하게 된다. 즉, 부모의 재혼으로 인해 아동은 전에는 없었던 형제를 맞이하며 지위의 변화를 경험한다. 외동이었던 자녀가 갑자기 둘째가 될 수도 있고, 장남·장녀였던 자녀가 갑자기 막내가 되는 상황에 처할 수도 있다. 일반적인 가족 안에서 친형제자매간에 있게 되는 영역 싸움은 연령 순위에 입각하여 해결되나, 재혼가족 내에서 이런 위계는 불분명하고 해결되지 않은 채 남아 있을 수 있다(Hayes & Hayes, 1986).

지위의 변화로 인한 어려움 외에도 재혼가정의 형제들은 부모의 애정과 공간 사용 등에서 형제간 경쟁과 갈등을 경험하게 된다. 아동들은 새로운 의붓형제와 역할, 물건, 공간 등을 나누어야 하는 과정에서 갈등을 겪는다. 그들은 자신의 친부모를 낯선 의붓형제와 공유해야 한다는 점에서 상실감과 분노감을 느끼게 된다. 새로 들어온 가족원이 희소한 공간과 애정 그리고 다른 가족자원을 차지하여 더 모자라게 만든다고 생각한다(최연실 외, 1995). 아울러 새로 들어간 아이의 입장에서는 텃세를 부리는 의붓형제에게 위축될 수밖에 없다. 이렇듯 아동들은 의붓형제가 생김으로 인해 경쟁의식이 가중되며, 부모의 사랑과 물질, 공간과 같은 자원에 대한 경쟁과 갈등, 가족의 크기나 가족 내의 위치 변화로 인한 스트레스를 경험할 수 있다(Walsh, 1992). 그러나 부모의 재혼은 아동들의 생활수준을 향상시켜주며, 보다 많은 가족을 만들어주어 아동이 일상생활에 더 다양하고 객관적인 보호를 받을 수 있는 기회를 제공해주며, 개인적인 성숙과 대인관계기술 및 문제해결능력을 증진시킬 수 있다고 한다(White & Booth, 1985).

부모의 재혼으로 혈연에 상관없이 형성된 형제관계 외에 재혼가정에는 또 다른 유형의 형제관계가 존재한다. 재혼 이후 부부가 아이를 낳으면 재혼

〈조은지 패밀리〉

싱글 맘과 싱글 파파가 재혼으로 새로운
가정을 만들어가는 이야기

이전 자녀들과 이 아이는 한쪽 부모가 같은 혈연적 연관성이 있는 형제관계를 맺게 된다. 재혼가족의 성인들은 가족들의 결손을 강화하기 위해 아이를 가지려고 하는 경향이 많은데, 새로 태어난 아이가 다른 가족관계에 미치는 영향에 대한 연구들은 일관적이지 못하다. 재혼 후 태어난 아이와 재혼 전 아이들의 형제관계에 대한 연구를 살펴보면, 재혼한 부부의 아이 출생은 재혼 이전 자녀들과 어머니가 함께 보내는 시간의 양을 감소시켰고, 나이든 형제의 행동에 부정적인 영향을 미친다고 한다(Zill, 1988). 또한 재혼한 부부의 공동 아이와 재혼 이전 아이들과의 형제관계는 형제들이 어렸을 때 더 많은 스트레스를 줄 수 있다고 한다(Bernstein, 1989; Ganong & Coleman, 1988).

4. 형제 갈등에 대해 이해하기

"저는 네 살 된 막내아들과 초등학교 1학년, 3학년 된 두 딸을 둔 엄마입니다. 막내는 아직 어리고 남자아이라 누나들과 별 다툼이 없지만 큰딸과 둘째 딸 간의 싸움은 동네에 소문이 났습니다. 둘은 어려서부터 싸움과 질투가 심해서 하루도 조용할 날이 없을 정도였어요. 장난감이나 옷, 신발, 모자 때문에 늘 싸워서 같은 것을 사주지만 그래도 무엇인가 건수를 잡아 싸웁니다. 최근에 큰애가 악기를 시작했는데 둘째가 자기도 한다고 난리입니다. 하지만 작은아이는 좀 더 있다가 했으면 좋겠는데 일단 질투부터 하고 보는 딸 때문에 괴로워요."

'애들은 싸우면서 큰다'는 어른들의 말이 하나도 틀리지 않다. 아이들은 때론 친구처럼 지내다가도 때로는 둘도 없는 앙숙처럼 다투고 질투한다.

많은 부모들이 화목한 가정을 위해 형제자매간의 우애를 언급한다. 하지만 형제자매간의 우애는 가정의 화목에 기여할 뿐만 아니라 아동의 성장과 발달에 많은 영향을 미친다. 형제들은 서로 갈등하며 대인관계를 경험하게 되는데, 형제관계에서 얻은 이러한 갈등 경험은 향후 가정 밖에서의 대인관계의 기초가 되어 결국 아이의 사회성과 인성에 큰 영향을 끼친다. 즉, 좋은 갈등해결 과정을 거친 아동들은 대인관계에서의 문제해결이나 관계를 질적으로 발달시키는 데 도움이 되지만 미해결된 갈등관계로 남아 있는 형제들은 집 밖에서의 대인관계나 성장 이후 그들의 자녀에게 고스란히 문제를 전달하기도 한다. 아이들끼리 다툴 때 부모들은 감정적으로 대처하여 상황을 악화시키기보다 어떻게 하면 갈등해결 방법을 배울 수 있는 기회로 만들어줄까에 집중할 필요가 있다. 아래에서는 형제간의 갈등의 개념과 의미, 그 원인, 해결과정 등에 대해 살펴보고자 한다.

1) 형제 갈등이란 무엇인가

갈등이란 둘 이상의 인간관계에서 필연적으로 발생하는 것으로, 두 개인이 그들의 바람이나 생각이 불일치할 때 서로에 대해서 적극적으로 반대할 때 발생한다. 형제들은 부모, 공간, 자원을 나누는 독특한 관계에 있기 때문에 자연스럽게 그들이 공유한 부모의 관심과 애정 그리고 공간과 자원을 차지하기 위해 갈등하게 된다(Bank & Kahn, 1982). 또한 쌍둥이를 제외한 모든 형제는 연령 차이를 갖게 되는데, 이러한 연령차로 형제는 신체적·인지적 능력 차이를 나타내고 형제관계에 나타나는 이러한 힘의 불균형으로 갈등이 쉽게 발생한다(Martin & Ross, 1995). 따라서 형제간의 갈등은 형제관계의 한부분이며 일상생활에서 피할 수 없는 부분이다.

갈등은 부정적으로 인식되고 있는 것이 일반적이지만, 갈등 그 자체는 중립적이며 갈등을 어떻게 해결하는가에 따라 인간관계가 형성되고 유지되는 방향이 달라진다(Laursen, Hartup & Koplas, 1996). 즉, 갈등이 긍정적이냐 부정적이냐에 영향을 미치는 것은 갈등해결 방식이다(Cummings, 1994). 형제간 갈등 역시 갈등의 해결과정이 형제관계에 영향을 미치게 된다. 형제들이 타협, 협상, 제안과 같은 방법을 사용하여 서로의 차이점에 접근하여 서로 만족할 수 있는 해결책을 찾을 경우 형제 갈등은 긍정적으로 해결되며 협박, 강압, 신체적 폭력과 같은 파괴적인 전략을 사용할 경우 형제관계는 형제 갈등으로 손상된다. 따라서 형제 갈등은 발생 그 자체보다는 그 해결과정을 살피는 것이 중요하다.

2) 형제 갈등은 어떤 의미가 있는가?

초기에 갈등은 부정적인 것으로 정의 내려졌으며, 연구결과에서도 갈등은 방해나 경쟁, 대립의 의미를 포함하고 있으며 노여움과 싸움을 동반하는 공격성과 같은 부정적인 요소와 관련되었다. 이러한 이유로 부모 또한 형제간 갈등을 사회화의 실패로 나타나는 부정적인 결과로 간주하였다(Shantz & Hobert, 1989).

갈등을 부정적인 것으로 간주하던 이러한 관점은 갈등이 모든 인간관계에서 발생하는 상호작용의 한 형태이며 유아들이 갈등해결 과정을 거쳐 중요한 사회적 기술을 학습한다고 주장한 사회과학자들에 의해서 변화되었다(Rinaldi & Howe, 1998; Siddiqui & ROss, 1999). 그들은 형제 갈등의 발생을 다양한 사회적 학습의 장으로 보고 형제 갈등이 갖는 의의를 다음과 같이 밝혔다.

(1) 개별화를 돕는 과정

갈등은 서로 다르기 때문에 발생한다. 각자의 입장이나 생각, 바람이 일치하지 않고 상호 반대되다 보니 서로 부딪히며 갈등을 겪게 된다. 형제들은 서로 다름으로 인해 겪게 되는 이러한 갈등을 통해 자신의 욕구가 다른 사람과 다르다는 것을 알게 된다. 즉, 형제들은 갈등에 부딪쳤을 때 다른 사람의 견해를 존중함과 동시에 자신의 견해를 방어하는 과정을 통해 다른 사람과 구별되는 자신의 욕구에 대해 알게 된다. 결과적으로 형제들은 갈등을 해결하는 과정을 통해 개인의 정체성을 발달시킬 수 있다. Vandell와 Bailey(1992)는 형제 갈등이 형제들에게 자신이 다른 가족구성원과 다르다는 것을 알 수 있도록 하는 기회를 제공함으로써 유아가 개별화될 수 있도록 돕는다고 하였다. 또한 Shantz와 Hobert(1989)도 형제 갈등이 아동에게 자신이 다른 사람과 다르다는 것을 배울 기회를 제공하여 자아발달에 기여한다고 하였다.

(2) 갈등해결 방법을 배울 수 있는 좋은 기회

형제들은 같이 보내는 시간이 많고, 많은 것을 함께 공유해야 하기 때문에 불가피하게 갈등을 경험하게 되는데, 형제들은 형제 갈등을 해결하기 위해 여러 가지 전략을 사용하게 된다. 이러한 과정에서 형제들은 떼를 쓰거나 소리 지르기 등의 미성숙한 방법이나 때리는 등의 파괴적 방법이 토론이나 협상과 달리 효과적인 전략이 아니라는 사실을 학습하게 된다. 즉, 형제들은 갈등을 해결하는 과정을 통해 협상이나 타협, 문제해결과 같이 다른 사람의 의견을 수용하는 건설적인 갈등해결 전략을 학습할 수 있다(Bank & Kahn, 1982; Faber & Mazlish, 1987). 이렇게 가족 내에서 경험한 형제 갈등과 갈등해결 경험은 가족 밖에서 경험하는 갈등을 해결하는 데 도움이 된다. 따라서 형제 갈등은 아동이 갈등을 해결하는 방법을 배울 수 있는 기회를 제공함으로써 형제들이 갈등을 해결하는 전략을 학습할 수 있도록 돕고(Bank & Kahn, 1982), 형제관계에서 습득한 건설적인 갈등해결 전략은 형제가 다른 사회적인 갈등상황에서 좀 더 효과적으로 갈등을 다룰 수 있도록 돕는다(Brody & Stoneman,1987).

(3) 긍정적 대인관계를 위한 발판

Stocker와 Dunn(1990)은 형제간의 상호작용은 가까운 친구를 형성할 수 있는 사회적인 이해와 기술발달에 기여한다고 하였고, Washo(1992)는 형제 갈등이 아동으로 하여금 긍정적인 사회적 관계를 맺을 수 있도록 돕는다고 하였다. 즉, 가족 내에서 경험한 형제 갈등은 가족 밖 상황에서 갈등을 해결하는 도구적 역할을 하여(Grych & Fincham, 1993), 가족 안에서 형제와 갈등하고 그 갈등을 해결하는 과정에서 보다 건설적인 갈등해결 방법이 무엇인지 배울 수 있는 기회를 제공한다. 그래서 자신의 경험을 토대로 가족 밖의 다른 사회적 갈등에 보다 잘 대처해 나간다. 결과적으로 형제들은 가족 내 형제간 갈등을 통해 학습된 갈등해결 전략을 또래와의 갈등상황에 적용할 수 있어 형제가 있는 유아들은 형제가 없는 유아들에 비해 또래관계를 잘 형성할 수 있다.

이렇듯 형제 갈등은 아동으로 하여금 대인관계의 본질을 이해하고, 구체적인 상호작용 방식에 대한 실질적 지침을 얻고, 대인관계에 대한 기대를 형성할 기회를 주기 때문에 형제갈등 해결방식은 매우 중요하다(Miller, 1993).

3) 도대체 형제들은 왜 싸우는가

가정에서 형제가 싸우고 갈등하는 일은 흔하다. 그런데 어떤 형제들은 갈등을 별로 겪지 않고 지내는 반면, 다른 형제들은 다투지 않으면 안 되는 아이들처럼 쉬지 않고 싸우고 심지어 폭력을 행사하며 갈등을 보이기도 한다. 또 어떤 형제는 세상에 둘도 없는 사이처럼 친밀함과 애틋함을 보이다가도 언제 그랬냐는 듯이 순식간에 원수처럼 치열하게 싸우기도 한다. 왜 이렇게 다를까? 무엇 때문에 순식간에 바뀔까? 형제들의 싸움이나 갈등은 그 원인이나 해결방식 등이 형제관계뿐 아니라 전체 가족 맥락과 관련되기 때문에 개개의 형제들마다 다양하게 나타난다. 그러므로 형제 갈등에 영향을 미치는 요인들에 대해 살펴보고자 한다.

(1) 부모의 차별 대우

형제는 부모와 자원, 공간을 공유하며 나뉘어야 하는 상황에서 더 많은 부모의 관심을 얻기 위해 그리고 더 많은 공간과 자원을 차지하기 위해 자연스럽게 서로 다투고 경쟁한다. 그러다 보니 부모가 자신이나 형제를 대하는 태도와 행동에 민감하게 반응하며 작은 차이도 금방 알아채고 시샘하는 등 부모의 차별적인 대우는 형제 갈등과 다툼에 중요한 영향을 미친다. 연구에 의하면, 어머니가 형제에게 상이한 행동을 할수록 형제간 부정적 상호작용이 증가하였고(Brody, Stoneman, McCoy & Forehand, 1994; McHale, Crouter, McGuire & Updegraff, 1995), 어머니가 차별적인 양육행동을 보인 가정에서는 형제간의 충돌이 더 많고 덜 친근한 것으로 나타났다(Strocker, Dunn, Plomin, 1989). 또한 어머니의 형제간 편애는 형제들 간의 적대성, 공격, 폭력, 애정 부족과 관련이 있는 것으로 나타나, 어머니의 다른 대우가 형제 갈등을 증가시키는 역할을 하는 것으로 나타났다(Bryant & Crockenberg, 1980, Stocker, Dunn & Plomin, 1989; Hetherington, 1988).

그러나 형제에 대한 부모의 차별적 대우가 필요한 경우도 있다. 자녀들의 성장단계가 다르거나 연령차가 큰 경우 혹은 형제가 서로 다른 기질과 재능을 가졌을 때 부모는 형제 각각을 서로 다르게 대하기도 한다.

특히, 유아 기는 급격한 발달이 이루어지는 시기이므로 연령의 변화에 따라 어머니의 양육태도에서 많은 변화가 나타난다. 12, 24, 36개월에 걸친 종단연구(Dunn & Plomin, 1986)에서 어머니의 출생순위에 따른 차별행동은 없었으나 각 아동에 대한 양육행동은 차이가 있는 것으로 나타났다. 이러한 차별적 양육행동은 아동의 연령이 변화함에 따라서 그들의 발달수준이 달라지므로 이에 맞추기 위해 다르게 나타나는 것으로 발달단계 및 개인 특성이 다른 아동 각각의 수준에 맞게 대해주려는 어머니의 적응행동으로 볼 수 있다. 이렇듯 부모는 자녀를 잘 양육하기 위해서 형제 각각의 발달수준에 맞추거나 형제 각자의 다른 기대에 부응해주기 위해 다르게 대하기도 하지만, 이런 경우라도 형제들은 부모의 "다른 대우"를 "차별적인 대우"로 받아들인다. 예를 들어, 둘째 아이의 출생 이후 첫째 아이에 대한 부모의 관심 변화는 형제들의 부정적인 상호작용에 반영되고(Vadell & bailey, 1992), 동생의 출생 이후 부정적인 상호작용을 한 자녀들은 형제들과의 상호작용에서도 부정적인 행동을 보인다(Kendric & Dunn, 1983). 따라서 아동의 수준에 따라 불가피하게 나오는 차별적 행동을 아동이 이해할 수 있도록 어머니가 형제 각각에게 충분한 설명과 함께 아동의 수준에 맞는 객관적인 애정 태도를 보이는 것이 중요하다.

부모의 차별적인 대우와 비슷한 맥락인 부모의 관심 부족 또한 형제 갈등의 원인이 될 수 있는데, 자녀의 신체적·정서적 요구들에 대해 부모가 적절한 시기에 필요한 관심을 쏟지 못할 경우 형제 갈등이 생길 수 있다. 특히, 한 형제가 장애가 있거나 아플 때, 부모가 비장애형제의 요구를 수용하지 못하고 장애형제에게 관심과 돌봄을 집중적으로 제공할 경우 문제가 된다. 이런 경우, 비장애형제가 장애를 가진 형제에 대해 감정이입이나 도움의 행동과 같은 긍정적인 행동도 관찰되지만, 형제 갈등과 같은 부정적인 행동도 관찰된다(Abramovitch, Stanhope, Pepler, & Corter, 1987).

(2) 형제 갈등에 대한 부모의 반응

형제가 있는 가정이라면 일상생활에서 형제가 다투고 경쟁하는 일을 흔하게 볼 수 있을 것이다. 그런데 이러한 형제간 갈등과 다툼에 대한 부모의 반응과 태도는 가정마다 다양하여 어떤 부모는 갈등하는 형제들을 달래거나 설득시키며 중재자로 나서기도 하고, 어떤 부모는 갈등에 대해 잘잘못을 따지며 해결을 강요하는 심판관 같은 역할을 하기도 하고, 아예 형제 갈등에 관여하지 않는 경우도 있다. 다양한 반응 중 부모가 강한 억압적 전략을 사용할 때 형제간 갈등은 건설적으로 해결되기보다 갈등을 증가시키고 형제관계를 악화시키는 것으로 나타났다(Ross, Filyer, Lollis, Perlma, & Martin, 1994). 또한 부모의 태도가 일관적이지 않을 때 형제는 싸움을 통해 원하는 바를 쟁취하려 하고, 부모가 명확한 규범에 따라 일관성 있게 갈등을 중재할 때 형제 갈등이 감소한다. 이렇듯 부모의 개입은 형제간 싸움의 질에 즉각적인 영향을 주는 요인으로 갈등에 대한 부모의 반응이 이후의 갈등과 갈등의 결과에 중요한 요인이 된다(Perlman & Russo, 1997).

많은 부모들이 형제 갈등이 발생할 때 부모가 개입해야 하는 것인지 하지 말아야 하는 것인지 결정하는 데 어려움을 느끼고 있고, 형제 갈등에 부모가 개입하는 것에 대한 의견도 분분하다. Brody와 Stoneman(1987)에 따르면 부모의 개입은 자녀들에게 갈등해결 기술을 습득하는 것을 방해하고, 형제들 스스로 힘의 균형을 인식하는 것을 방해한다고 한다. 즉 부모가 형제 갈등에 개입할 때, 부모들은 어린 형제를 편애하는 경향이 있기 때문에 그 결과 갈등이 증가하고 지속된다(Brody, Stoneman, McCoy, & Forehand, 1992). 이와 달리 부모가 형제 갈등에 대해 설명하거나 갈등을 해결하는 방법을 제시하거나, 가족이나 사회의 도덕적 규칙을 바탕으로 자녀를 지도하며 형제 갈증에 개입하는 경우, 형제들은 성장 후 보다 성숙한 형제간 갈등해결 행동을 보이는 것으로 나타났다(Dunn & Munn, 1986). 또한 부모가 일관된 도덕적 원칙 아래서 형제 갈등에 개입하는 경우, 형제간 갈등이 최소화되기도 하였다(Bank

& Kahn, 1982). 이처럼 형제 갈등에 대한 부모의 반응, 즉 부모의 개입 여부와 개입방법은 형제 갈등의 발생, 해결과정과 그 결과에 영향을 미칠 수 있다.

(3) 형제들의 특성

형제간 갈등은 형제 개인의 특성에 따라 달라질 뿐만 아니라, 형제 각각이 지닌 특성들이 상호 관련됨에 따라서도 다르게 나타난다. 즉, 형제간 갈등은 형제들의 성 구성, 연령차, 출생순위, 기질과 같은 요인과 관련이 있다.

① 성 구성

형제 개개인의 성이나 형제의 성 구성이 형제 갈등과 관련된다는 가설들이 있다. 동성인 형제가 함께 보내는 시간이 더 많으므로 더 많은 갈등을 겪을 것이라거나 혹은 목표나 관심사가 서로 양립하기 어려운 혼성 형제가 더 갈등적이라고 볼 수 있다. 또 남자형제인 경우 자매간보다는 더 많은 갈등이 있을 것이라 볼 수도 있다. 지금까지의 연구들은 형제 갈등이 형제의 성 구성에 따라 다양한 차이가 있음을 나타내고 있다.

연구에 따르면, 남아가 여아에 비해 형제간 갈등이나 위협, 신체적 공격을 사용하려는 경향이 있고(Graham - Bermann et al,. 1994; Volling & Belsky, 1992), 이성형제가 동성형제보다 갈등이 더 많다는 연구결과도 있다(Dunn & Kendrick, 1981; Pepler et al., 1981). 친사회적인 행동에 대한 연구에서, 동성형제가 이성형제보다 형제에게 친절하게 접근하는 빈도가 두 배인 것으로 나타났고, 아동은 동성형제를 더 선호하며 동성형제가 이성형제보다 서로에게 좀 더 친밀감을 느끼게 하는 것으로 보고되고 있다(Ferman & Buhrmester,

1985). 그러나 동성형제가 이성형제보다 더 자주 많은 갈등에 빠진다는 연구도 있고(Vederson, &Hsy, 1995), 형제간 상호작용이 형제의 성 구성에 따라 차이가 나지 않는다는 연구결과도 있다(이경희, 1990).

② 연령차

형제간의 연령차는 형제관계를 복잡하게 만드는 요인 중 하나이다. 형제간 연령차가 적은 경우에는 서로에게 많은 영향을 미치게 되어 친구와 같은 관계를 유지하면서 서로 잘 이해하고 대화할 수도 있지만, 한편으로는 연령차가 적을수록 비슷한 능력과 기술 그리고 유사한 흥미를 가지며 친구나 동료처럼 많은 상호작용을 하는 경향이 있어 갈등과 경쟁이 발생할 소지도 많다.

특히 형제간 연령차가 두 살 이하인 경우가 네 살 이상 차이 나는 형제들에 비해 더 많은 말다툼을 한다. 그러나 주의할 점은 형제간 학대는 연령차가 많이 나는 형제 사이에 더 많이 일어난다는 것이다(Wiehe, 1990). Minnett와 그의 동료들(1983)의 연구에서는 연령차가 적을수록 더 공격적인 상호작용을 하였으며, 연령차가 클수록 형제간에 긍정적이며 애정을 보이는 행동을 하는 것으로 보고하였다.

③ 출생순위

출생순위에 따른 형제 갈등 연구를 살펴보면, 두 명의 형제 중 손위 형제가 손아래 형제를 자주 때리고 장난감을 뺏는 등 공격적인 행동을 먼저 시작하고, 손아래 형제는 손위 형제의 공격에 저항하기보다는 수용하는 경향을 보였다(Abramovitch, Carter, & Lando, 1979; Lamb, 1978a,b; Pepler, Abramovitch, & Cortor, 1981). 또한 청소년과 대학생과의 인터뷰에서도 손위 형제가 손아래 형제보다 더 자주 갈등을 시작하는 것으로 나타났다(Felson, 1983; Graham-Bermann, Cutler, Litzenberger & Schwartz, 1994).

④ 기질

형제들의 특성 중 형제관계에 영향을 준다고 밝혀진 것 중 하나가 기질인데, 기질은 형제들 사이의 적대감과 갈등의 정도에 영향을 미치기도 한다. 기질이란 개인의 성격을 결정짓는 심리적 특성을 말하는 것으로, 보통 세 가지 유형(아래 표 참고)으로 분류할 수 있다. 이러한 세 가지 기질 유형 중 활동적이고 강하고 또는 융통성이 없는 까다로운 아동들이 관계상에서 갈등을 더 많이 겪는 경향이 있다(Boer, 1990; Stoneman & Brody, 1993; Dunn, & Plomin, 1989). 따라서 형제간 기질의 차이는 형제관계에도 영향을 주고 형제 개인차의 유발요인이 된다고 볼 수 있다.

그러나 보다 중요한 것은 기질 자체의 문제보다는 부모-자녀관계나 혹은 형제관계에서 두 개인 간의 기질이 어떻게 조합되어 있느냐가 더 큰 영향을 준다는 것이다(Munn & Dunn, 1988). 만약 두 형제 모두 강하고 융통성 없는 기질을 가지고 있을 때, 이 두 형제가 서로의 장난감을 가지고 다투게 되면, 서로가 한 치의 양보도 없이 자기주장만 내세워 결국은 갈등상황에 이르게 될 것이다. 그러나 까다로운 기질을 가진 형과 순하고 융통성 있는 동생의 형제관계라면, 이들은 갈등상황에서 서로의 주장만 내세우기보다는 순한 기질의 동생이 조금 양보하는 모습을 보이게 된다. 이런 경우 형제관계는 두 형제 모두 까다로운 기질을 가진 형제관계보다는 원만할 것이다. 실제 연구에서도 두 형제 모두 활동성이 높고 이 중 형이 더 활동적인 경우 가장 부정적 또는 갈등적이었으며 두 형제 모두 활동적이지 않은 경우 갈등은 가장 적었다(Stoneman & Brody, 1993). 또한 형제 중 한 명이 혹은 형제 모두가 아주 활동적이고 감정적이며 열정적인 기질을 가질 때 형제간 갈등이 자주 나타났다(G. Brody, Stoneman & McCoy, 1994; Volling & Belsky, 1992).

표 1 아동의 기질

순한 기질 (easy child)	순한 아동은 수면, 음식 섭취, 배설 등의 일상생활습관이 대체로 규칙적이며, 반응 강도는 보통이다. 새로운 음식을 잘 받아들이고, 낯선 대상에게도 스스럼없이 잘 접근하며 환경변화에 대한 적응력도 높다. 대체로 평온하고 행복한 정서가 지배적이다. Thomas와 Chess의 연구(1984)에 따르면 약 40%의 영아가 이 유형에 속한다.
까다로운 기질 (difficult child)	까다로운 아동은 순한 아동과 정반대 기질의 아동을 말한다. 생활습관은 불규칙적이며 예측하기 어렵고, 환경으로부터의 자극이나 욕구 좌절에 대한 반응 강도가 강하다. 새로운 음식을 받아들이는 속도가 늦고, 낯선 사람에게 의심을 보이며 환경변화에 대한 적응도 늦다. 크게 울거나 웃는 강한 정서가 자주 나타나며, 부정적인 정서도 자주 보인다. 약 10%의 영아가 이 유형에 속한다.
더딘 기질 (slow to warm up child)	더딘 아동은 상황변화에 대한 적응이 늦고, 낯선 사람이나 사물에 부정적인 반응을 보이는 점에서 까다로운 아동과 유사하다. 그러나 까다로운 아동과 달리 활동이 적고 반응 강도 또한 약하다. 수면, 음식 섭취 등의 생활습관은 까다로운 아동보다 규칙적이지만, 순한 아동보다는 불규칙하다. 전체 아동의 약 15%가 이 유형에 속하는 것으로 보고되고 있다.

(4) 가족의 정서적 분위기 및 환경

부모의 심리적 상태나 가족 안의 정서적 분위기는 자녀들의 형제관계에 영향을 미치는데, 일반적으로 가족의 갈등은 형제 갈등으로 이어진다. 그러나 반대로 가족 안의 갈등으로 인해 형제간의 친밀성, 협동, 보호본능이 증가되기도 한다(Bank & Kahn, 1982).

　부모의 이혼이나 재혼으로 인한 가정환경의 변화 또한 자녀의 형제관계에 영향을 미친다. 부모의 이혼이나 재혼은 모든 가족구성원에게 커다란 환경변화를 초래하고 변화된 환경에 재적응하기 위한 시간이 요구된다. 자녀들의 형제관계 자체도 많은 변화가 생기는데, 앞에서 살펴본 바와 같이 (재혼가정의 형제관계) 혈연적 관계가 없는 낯선 아이와 형제관계를 맺게 되면서 지위의 변화뿐 아니라 부모와 자원을 공유해야 하는 상황에서 갈등을 경험하게 된다. 특히 재혼 후 형제 갈등은 부모-자녀 갈등과 같이 재혼 후 처음 첫 2년 동안 가장 빈번하게 나타난다(Beer, 1989).

(5) 가족 내 위계중심이 없을 때

　가정 내에서 부모가 지켜보는 가운데 형제간 갈등이 발생하는 일이 흔한데, 이때 갈등의 초기부터 부모가 개입하여 갈등을 단속하는 경우가 상당히 많다. 이런 경우 부모는 대부분 갈등을 속히 마무리하기 위해서 나이가 더 많으니 당연히 더 이해심이 많고 양보와 배려가 가능하다고 생각되는 손위 형제에게 이해를 구하고 참도록 하거나 양보를 강요하는 일이 많다. 물론 손위 형제로서 양보하고 배려하는 것이 필요할 수도 있지만, 손위 형제의 욕구나 감정이 무시된 채 양보와 참음을 강요받게 되면 오히려 동생에 대한 미움과 분노가 커질 것이다. 그리고 이러한 개입은 부모의 권위를 사용하는 것으로 이를 반복하다 보면 시간이 지남에 따라 부모의 권위가 형제 서로에 대한 관계로 내면화되기 쉽다. 그러다 보면 결국 동생은 손위 형제의 권위를 넘보게 되어 손위 형제에게 대드는 경향이 커지고, 손위 형제는 부모가 동생을 편애한다고 인식하여 형제간 다툼이 더욱 잦아지고 형제관계뿐만 아니라 부모-자녀관계도 나빠지게 된다. 형제간의 위계중심이 손위 형제에게 있을 때 형제간 다툼은 확실히 줄어들게 된다. 따라서 손위 형제에게 힘을 실어주는 지혜를 발휘하는 것이 필요하다.

4) 형제 갈등의 해결과정

형제간 갈등이 발생하면 형제는 자신의 목적이나 의도대로 갈등을 해결하기 위해서 다양한 언어적·신체적 전략을 사용한다. 보통 형제간 갈등에서 사용되는 전략은 서로 말다툼 하고 논쟁하는 가벼운 형태에서부터 심각한 폭력의 형태에 이르기까지 그 종류와 정도가 다양하다. 여기서는 형제 갈등을 갈등의 해결과정에 따라 건설적 갈등해결과 파괴적 갈등해결로 구분하여 살펴보고자 한다.

(1) 건설적 갈등해결

건설적으로 갈등을 해결하는 형제들은 갈등이 왜 일어났는지 그 갈등의 쟁점에 초점을 맞추고 갈등과 관련 없는 다른 문제에 대한 언급은 피한다. 또한 건설적으로 갈등을 해결하려는 형제들은 함께 협동하여 서로의 차이점에 접근하여 서로 만족할 수 있는 합의점에 도달하기 위해 노력한다(Rinaldi & Howe, 1998). Chapmam과 Mcbride(1992)는 의사소통, 다른 사람의 견해를 받아들이기, 도덕적 추론, 정당화를 건설적 갈등해결 방법이라 하였고, Rinaldi와 Howe(1998)는 건설적인 갈등해결 전략으로 타협·중재의 준비,

브레인스토밍, 협상, 협동적 문제해결, 갈등의 명백한 해결, 갈등 핵심에 초점 맞추기와 개방적인 태도를 들고 있다.

형제들은 이러한 건설적 갈등해결 과정을 통해 협상, 타협, 협동과 같은 건설적인 사회적 문제해결 전략을 사용하는 방법을 익히게 된다(Cicirelli, 1995; Dunn & Munn, 1986; Shantz, 1987). 또한 다른 사람의 견해를 존중함과 동시에 자신의 견해를 방어하는 건설적 갈등해결 전략을 사용함으로써 개인은 올바른 정체성을 확립할 수 있고, 장기적으로는 개인이 인격적으로 올바르게 성장할 수 있도록 이끌고 타인과의 사회적 관계를 향상시킨다. 그러나 이러한 건설적인 갈등해결 전략은 유아뿐 아니라 성인에게도 매우 드물게 사용되며, 형제 갈등에서뿐만 아니라 가족 갈등이나 부모-자녀 갈등에도 건설적인 갈 등해결 전략인 타협과 화해는 가장 적게 나타났다(Eisenberg, 1992).

(2) 파괴적 갈등해결

파괴적으로 갈등을 해결하는 형제는 갈등이 왜 일어났는지 그 갈등의 쟁점에 초점을 맞추기보다는 갈등과 상관없는 다른 문제에 대하여 언급한다. 형제들은 강압, 신체적 또는 언어적 위협을 사용하고 갈등과 무관한 문제에 집중함으로써 갈등을 건설적으로 해결할 수 없게 된다. Rinaldi와 Howe (1998)는 파괴적인 갈등해결 전략으로 부정적인 언어적 행동, 부정적인 신체 적 행동, 초점에서 벗어난 갈등, 해결 없음, 회피, 고집부리기, 갈등을 끝내기 위해서 마음 내키지 않는 사과를 하기, 조작하기, 뾰로통하기, 냉담하기를 들고 있다.

형제 갈등을 해결하는 과정에서 형제가 이와 같은 파괴적 갈등해결 전략을 사용할 경우 갈등은 해결되지 않으며, 대개 양쪽 다 만족스럽지 못할 결과로 끝난다(Shantz, 1987; Vandell & Bailey, 1992). 파괴적인 갈등해결 전략의 사용은 아동의 신체적·정신적 손상을 초래하여 형제관계의 손상과 형제발달에 장애가 되는 결과를 가져오기도 한다(Dunn, 1988). 파괴적인 갈등해결 전략이 부정적인 측면을 많이 가졌음에도 불구하고 파괴적인 갈등해결 유형으로 갈등을 종결하는 경우가 많다. 또한 형제 갈등을 해결하는 과정에서 나타나는 이와 같은 파괴적인 갈등해결 전략은 가족 밖에서 발생하는 갈등을 해결하는 수단으로 다시 나타날 수 있다(전귀연, 2006).

앞에서 살펴본 바와 같이 협상, 브레인스토밍, 문제해결과 같은 건설적인 갈등해결 전략은 개인 상호간의 성장을 촉진할 수 있는 반면에 부정적 대화, 신체적 공격과 같은 물리적 행동, 속임수, 관계단절 등의 파괴적 갈등해결 전략은 개인의 발달을 방해할 수 있다(Cummings, 1994; Furman & McQuaid, 1992).

5) 형제 갈등에 대한 부모의 태도

자녀의 형제관계에 관하여 부모들이 직면하는 가장 어려운 과업 중의 하나가 자녀들의 갈등과 다툼에 대해 개입해야 하는지와 개입할 경우 어떻게 개입할 것인가를 결정하는 것이다. 학자들 또한 부모가 갈등에 개입해야 하느냐에 대해서 입장이 다른데, 이에 대해 살펴보고자 한다.

(1) 형제 갈등에 개입하지 않는 부모의 태도

일부의 심리학자들은 형제 갈등에 부모가 개입할 경우 긍정적인 결과보다는 부정적인 결과가 생길 가능성이 높기 때문에 개입을 자제해야 한다고 주장한다. 특히, 부모가 형제 갈등에 개입하게 되면 부모는 대개 나약한 손아래 형제를 지지하게 되는데, 이는 손아래 형제가 손위 형제를 이기도록 돕는 것이어서 형제관계에서 자연스럽게 발달할 수 있는 힘의 균형을 깨뜨려 형제 갈등을 증가시킨다. 즉, 부모가 형제들의 싸움에 개입하지 않을 경우, 손아래 형제는 손위 형제가 우세하고 반대로 자신은 나약하다는 것을 인식함으로써 스스로 형제관계에서 힘의 균형을 바로 세워 형제 갈등이 자연스럽게 줄어들게 된다(Felson, 1988).

그리고 형제간 갈등 시 부모의 개입은 형제들끼리 스스로 갈등을 해결하는 기술을 배울 기회를 뺏는 결과를 가져온다. 아이들은 스스로 갈등을 해결하는 과정을 통해 타협이나 협상과 같이 중요한 갈등해결 기술을 배우는 기회를 갖게 된다. 그러나 부모가 개입하여 형제 갈등을 해결해주면, 형제들이 갈등을 스스로 해결하는 과정을 통해 발달시킬 수 있는 갈등해결 기술의 습득이 방해받게 된다(Brody & Stoneman,1989).

또한 형제 갈등에 대한 부모의 개입은 형제간 갈등을 더 증가시킨다. Dreikus(1964)는 아동들이 부모의 관심을 끌기 위해 부모가 개입할 것으로 예상되는 갈등상황을 일부러 만들어 낸다고 설명한다. 결과적으로 부모들이 형제들의 갈등에 개입하는 것은 또 다른 싸움이 발생할 가능성을 증가시키는 하나의 요인이 된다는 것이다. 어머니의 개입 유무에 따라 6개월 후 형제 갈등을 연구한 결과, 어머니가 형제 갈등에 개입한 경우가 형제 갈등에 개입하지 않은 경우보다 6개월 뒤에 더 길고 더 공격적인 형제 갈등을 보임이 보고되었다(Corter, Abramovitch & Pelper, 1983).

위와 같이 형제 갈등에 대한 부모의 개입이 가져올 수 있는 부정적인 측면에도 불구하고, 형제 갈등이 신체적 또는 언어적으로 적대적, 공격적이 될 경우 가져올 수 있는 부정적인 결과를 피하고 아이들의 인성과 사회발달을 돕기 위해 좀 더 적극적인 개입이 요구되는 상황도 있다(Cicirelli, 1995). 따라서 단순히 부모의 개입이 바람직한지 바람직하지 않은지를 논의하기보다 다양한 상황을 고려하여 살펴보는 것이 필요하다. 예를 들어, 형제 갈등에 대한 부모 개입의 결과는 형제 연령에 따라 다르게 나타날 수 있는데, 형제 쌍의 연령이 어릴수록 부모가 개입하지 않으면 부정적 행동을 많이 하는 반면에 형제 쌍의 연령이 높을 때는 오히려 부모가 개입하면 형제간 상호작용의 빈도가 적어졌다(Kramer, Perozynski & Chung, 1999). 즉, 형제의 연령이 어려 갈등해결 기술이 미약할 경우 부모의 개입이 필요한 것을 알 수 있다.

(2) 형제 갈등에 개입하는 부모의 태도

형제간 갈등에 부모의 개입을 찬성하는 학자들은 어린 아동들은 갈등해결 기술이 부족하기 때문에 형제간 갈등을 긍정적으로 해결하기 위해서 부모의 도움이 필요하다고 주장한다(Dunn, 1988). 그리고 부모가 개입하지 않았을 때는 공평의 개념이 무시되고 손위 형제만 만족하는 방향으로 갈등이 해결되지만, 부모 개입을 통해서 사회 규칙과 정의, 공정함에 대해 알게 된다고 한다(Ross, Dunn & Munn, 1994). Perlman과 Russo(1997)는 두 살과 네 살 된 형제들의 갈등에 엄마가 개입함으로써 언어적·신체적 힘겨루기와 적대적인 행동들이 감소하였으며, 아동의 추론과 전망 능력도 엄마의 개입 후 증가하였다고 보고하였다. 또한, 형제간 갈등에 부모가 개입하는 것은 앞으로 일어날 부정적인 행동의 가능성을 감소시키고, 사회인식의 발달을 향상시킨다고 하였다.

그러나 이러한 부모의 개입에 아동이 성숙한 갈등해결 전략을 가질지의 여부는 부모가 개입하는 전략의 종류와 지속성에 달려 있다. 부모의 개입 전략이 형제관계와 형제 갈등에 미치는 영향을 살펴본 연구에 따르면, 부모가 지시적 전략을 많이 사용할수록 형제관계가 더 적대적이고 덜 협동적이었다고 보고하였고(Howe, Aquan-Assee & Bukowski, 2001), 부모의 개입이 반응적, 긍정적, 상호작용적일 때 호혜적인 형제관계가 촉진되며 갈등이 줄었다고 한다(Brody, Stoneman & MacKinnon, 1986). Howe와 Ross(1990)는 형제 갈등 시 어머니가 형제들에게 규칙과 감정을 언급하여 개입한 경우와 개입하지 않은 경우를 비교해보았다. 18개월 된 유아에게 규칙과 감정을 언급하여 갈등을 중재한 경우, 유아가 24개월 되었을 때 규칙과 감정을 언급하지 않은 어머니의 유아보다 더 친근한 방식으로 행동했고, 더 화해적이었으며 또한 더 성숙한 방법으로 형제 갈등을 해결하였다. 결과적으로 어머니의 개입은 타협, 정당화, 사회적인 규칙의 참조와 같은 성숙한 행동을 증가시켰다. 이와 같이 부모가 적절한 개입 전략을 발달시킴으로써 아동들이 형제 갈등을 통해 상호작용을 배우는 기회로 활용할 수 있으며 형제 갈등 시 부모가 건설적인 역할을 할 수 있다(Dunn & Munn, 1987; Ross, Filyer & Lollis, 1993).

PART 02

형제관계 이론과 측정

본 PART에서는 형제관계에 대한 이론을 간략히 소개하여 형제관계에 관한 이론적 기초를 이해하는 데 도움이 되고자 한다. 또한 형제관계와 관련된 여러 측정도구들을 소개하여 관련 주제 연구를 촉진하고 상담현장에서 형제관계 문제를 보다 객관적으로 다룰 수 있는 자료를 제공할 것이다. 끝으로 유아나 아동기 형제관계 경험이 이후의 이상발달과 적응문제와 어떤 연관성을 갖는지에 대해 제시할 것이다.

1. 아들러의 형제관계 이야기

아들러는 인간이 가정에서 어떻게 성장하는지가 성격발달에 중요하다는 평범한 사실을 보다 구체화한 사람이다. 부모가 자녀를 어떤 방식으로 양육하느냐, 가정 분위기가 어떠하냐, 형제관계의 역동은 어떠하냐, 가족구도가 어떠하냐는 아동의 생활양식을 형성하는 데 중요하다고 하였다. 특히 그는 형제관계 내에서의 출생순위나 형제 수가 아동의 성격형성에 큰 영향을 주어 같은 부모 아래서 자라지만 서로 다른 영향을 받고 저마다의 독특한 성격특성을 지닌다고 하였다. 여기에서 중요한 것은 실제적인 출생순위보다는 가족 내에 어떠한 상대적인 속성으로 위치하느냐에 달려 있다.

다시 말해 가정에서의 출생순위와 가족 내 위치를 자신이 어떻게 지각하느냐는 성인이 되었을 때 세상과 어떤 패턴으로 상호작용하고 어떤 대인관계양상을 나타내는지에 영향을 미친다는 것이다. 예로 일란성 쌍둥이가 같은 부모 아래서 엄청난 비극적 가족사를 경험한 후, 성인이 되었을 때 그 사건에 대한 감정, 생각, 추억 등이 다르다는 것이다. 또한 알코올중독자 아버지 아래서 자란 형제가 큰아들은 아버지가 입원해 있는 병원의 정신과 의사가 되고 작은아들은 아버지와 같은 알코올중독자가 되었다는 일화는 이

🐤 아들러의 6남매

아들러는 6남매 중 둘째로 태어났다. 어린 시절, 그는 둘째로서 형 지그문트에 대한 질투와 열등감에 사로잡혀 형을 이기기 위해 부단히 노력했다고 한다. 또한 연이어 태어난 동생 때문에 어머니의 사랑을 빼앗기고 대신에 아버지의 보살핌을 주로 받고 자랐다고 한다. 그는 이런 이유로 다른 형제에 비해 아버지와 특별히 친밀한 관계를 유지하며 자랐는데 이는 아들러의 삶에 큰 영향을 미쳤다고 한다. 학창시절 아들러의 삶은 순탄하지 않았다. 열등감과 좌절, 방황, 학교부적응 등으로 힘들어하는 그에게 교사는 다른 학교로의 전학을 권했다고 한다. 이때 누구보다 아들러를 사랑하고 잠재능력을 알아주었던 아버지는 아들을 끊임없이 격려하고 역경을 극복할 수 있도록 도왔다고 한다. 이 모든 과정은 아들러의 형제관계 역동에서 시작되었고 이후 그가 형제관계에 대한 심리학적 이론을 세우는 데 큰 영향을 미쳤다고 한다.

주장을 잘 입증해준다. 환경의 영향이 상대적인 속성이나 개인의 지각에 따라 달라진다는 것은 서로 다른 가정에서 자란 같은 출생순위를 지닌 형제들이 비슷한 성격적 특성을 보인다는 것으로부터 잘 이해할 수 있다.

아래는 위에서 소개한 이론적 견해에 대해 형제관계에 대한 예를 구체적으로 제시하고자 한다. 형제순위에 따른 성격특성에 대한 내용으로 아들러가 제시한 내용과 다른 학자들(Ansbacher, 1972; Dreikurs, 1971; Titze, 1978)의 연구를 추가하여 하나의 표로 구성하였다.

1) 출생순위에 따른 일반적 특성

표 2 출생순위에 따른 일반적인 특징

맏이	일반적으로 맏이는 많은 관심을 받고 자라며 동생이 태어나기 전까지는 응석받이로 자라게 된다. 그러나 동생이 태어나면 자신의 자리에서 쫓겨났음을 알게 되고 자신은 더 이상 독특하거나 특별하지 않다고 느낀다. 일부분의 맏이는 의젓하고 열심히 일하며 앞으로 나서려는 특성을 보이나 일부분의 맏이는 사회적 적응능력이 부족하고 지배형이 될 가능성이 높다. 이들은 성인의 기대나 가치에 잘 따르고 특히 권위적 인물에 대하여 쉽게 동조하는 경향이 있다.
둘째 아이	태어날 때부터 형제와 부모의 관심을 나누어 가진다. 일반적으로 이들은 상당히 경쟁적이고 형을 이기기 위해 늘 훈련 상태에 있는 듯하다. 나이가 어린아이는 형의 약점을 찾는 요령을 익히고, 형이 실패한 것을 달성함으로써 부모나 교사로부터 칭찬을 받으려 한다. 이들은 구조적으로 적응을 위한 훈련을 받기 위해 유리한 위치에 있어 성격장애가 일어날 확률이 낮다.
가운데 아이	가운데 아이는 대개 압박감을 느낀다. 삶은 불공정하다고 확신할 수도 있으며 속 았다는 느낌을 가질 수 있다. '형편없는 나'라는 태도를 가질 수 있으며 문제아가 될 수 있다. 그러나 갈등이 많은 가족에서는 상황을 결합시키는 조정자나 평화의 시도가 될 수도 있다. 한 가족에 아이가 네 명이라면 둘째 아이는 흔히 중간아이처럼 느낄 수 있고, 셋째는 더 유순하며 사교적이고 첫째와 같은 태도를 가질 수 있다.

		가족의 많은 관심을 받으며 과잉보호될 가능성이 가장 크다. 따라서 그들은 과도하게 의존적일 수 있고, 문제 아동이 될 확률이 맏이 다음으로 높은 비율을 차지한다. 다른 아이들이 모두 자기보다 앞서 태어났기 때문에 막내는 독특한 역할을 하며 자신의 길을 가는 경향이 있다. 흔히 막내는 가족들 누구도 생각하지 못한 방식으로 행동한다.
막내		
독자		외동은 가족 내 경쟁할 사람이 없기 때문에 둘째처럼 경쟁자적 성격을 형성할 가능성은 적다. 이들은 독자로 가족 모두의 중심이 되고 자신의 중요성에 대해 과장된 견해를 발달시켜간다. 때로 부모의 사랑을 너무 받아서 소심하고 의존적으로 매여 있을 수 있고, 자신이 늘 관심의 중심이 되어왔기 때문에 자신의 위치가 도전을 받으면 이를 불공정하다고 생각한다.
특수구조		이성형제 중 혼자만 다른 성을 가진 아이들은 자신의 성과 위치를 확고히 하기 위해 다른 형제들과 투쟁하게 된다. 또 두 가지 성차에서 극단적으로 왔다 갔다 하며 어려움을 겪게 된다.
	여자형제 중 외동아들	대부분의 가정에서 아버지가 충분한 시간을 자녀와 가지기 힘들므로 이 형제구조의 외동아들은 여성적 환경에서 자라게 된다. 이들은 여성적인 성향을 띠거나 반대로 환경과 강하게 맞서 싸우며 남성성을 강하게 드러내기 위해 노력한다. 이들은 늘 긴장되어 있을 가능성이 높고 발달이 자연스럽게 진행되지 못한 경우, 매우 강하거나 매우 약한 존재가 될 확률이 높다.
	남자형제 중 외동딸	남자형제 사이에서 자란 외동딸들은 매우 여성적이거나 반대로 매우 남성적으로 자랄 확률이 높다. 이들은 성 정체감 형성에 어려움을 지녀 불안정하거나 무기력할 확률이 높다.

2) 출생 순위별 유형

(1) 첫째 아이 이야기: 폐위당한 왕! 일일천하!

맏이인 나는 동생이 태어나기 전, 우리 집의 '왕'이었습니다. 할아버지, 할머니는 물론이고 부모님의 사랑을 독차지하며 살았습니다. 그러나 동생이 태어나면서 저는 왕좌를 빼앗기고 더 이상 우리 집안의 특별한 대접을 받을 수가 없었습니다. 제게 남은 건 오직 열등감뿐이었습니다. 그러나……

① 열등감을 극복한 유형

첫 번째 유형은 동생이 태어나면 이전의 모든 특권을 다시 획득하기 위해 고군분투하는 맏이 유형이다. 부모가 큰아이에게 동생이 태어나기 전에 손님을 맞을 준비를 시켜 상실감을 예방한 경우이다. 또한 동생이 태어난 후에도 큰아이의 마음을 잘 알아차려 적절한 애정 분배를 하고 큰아이가 자신의 위치에 대해 안전함을 느끼는 경우이다. 부모의 이러한 민감한 준비와 대처는 큰아이가 동생의 출현을 잘 받아들이고 대처해가도록 돕게 된다.

이러한 환경을 배경으로 이 유형의 큰아이들은 대부분 어른들과 사이가 좋고 잘 수용하는 편으로 사회적 책임이나 역할도 잘 수용하는 편이다. 이들은 부모역할을 쉽게 배우고 동생들에게 맏이로서의 책임을 다하며 때때로 과중한 부담을 지니게 되는 경우도 있다.

② 차선의 길을 선택한 유형

많은 맏이들은 동생이 태어나기 전의 삶의 파라다이스를 결코 잊을 수 없어 한다. 잃어버린 천국을 찾기 위해 특히 어머니의 사랑을 다시 되돌리기 위해 부단히 노력하지만 실패하는 집단들이 있다. 이들이 선택한 것은 바로 아버지의 사랑이다. 아버지도 둘째와 같은 상황에서 육아에 지친 부인의 사랑을 더 이상 받을 수 없다는 체념에 빠져 있는 시기와 맞물린다. 이 유형의 맏이는 이런 아버지와 연합관계를 맺고 대리만족을 얻으며 그럭저럭 이 시기를 버티어간다.

③ 좌절로 인해 화가 난 유형

위와 같이 어머니 애정을 좌절당한 후, 아버지로부터 조차도 회복의 기회를 얻지 못한 아이들은 난폭하거나 비판적이고 반항적인 삶을 살 가능성이 높다. 이들에게 있어 폐위경험은 삶의 큰 좌절이었고 인간에 대한 적대감을 발달시키는 하나의 계기가 되기도 한다. 또한 잃어버린 천국을 되찾기 위해 끝없이 노력하지만 실패하여 권위에 대한 집착이 심해지고 삶에 있어 권위가 지나칠 정도로 중요한 가치라고 생각한다. 천국으로 돌아가고픈 마음에 과거에 집착하고 새로운 것을 받아들이지 않으려는 행동을 보인다.

④ 좌절로 인해 속수무책이 된 유형

좌절로 인해 화가 나 있거나 얻고자 하는 유사한 것에 집착하는 세 번째 유형과는 달리 이 유형의 아이들은 폐위당한 상황에 압도되어 자신이 매우 무력하고 보잘것없는 존재라고 느낀다. 동생에게 정복당했던 좌절경험으로 속수무책의 상황에서 벗어나지 못하고 무기력하고 위축되어 있으며, 삶의 기본정서가 부정적이게 된다. 다른 사람과 협력하고 협조하기보다는 피하거나 두려움, 동기저하 등의 태도를 보일 가능성이 높다. 동생이 태어나기 전 응석받이로 자란 강도가 높을수록 이러한 심리적 문제는 더 크다고 볼 수 있다.

둘째인 나는 태어날 때부터 운명적으로 '최초의 왕'이 될 수는 없었습니다. 앞서 군림했던 왕은 쉽게 자리를 내놓지 않았고 어쩔 수 없이 경쟁과 투쟁의 삶을 시작할 수밖에 없었습니다. 나는 늘 긴장하고 압박을 받았고, 제 삶은 늘 살아남기 위한 훈련의 연속이었습니다. 그러나…….

① 노력과 성실로 성공한 유형

이 유형의 둘째들은 노력과 성실을 무기로 적당히 첫째와의 경쟁에서 이기며 원하는 것을 쟁취한다. 이기기 위해 반칙을 하기보다는 스스로 갈고 닦은 실력으로 객관적인 인정을 받기를 원하고 이에 성공한다. 또한 이들은 경쟁에 지나치게 집착하다가 타협하는 방법으로 원하는 것을 얻는다. 형제가 이길 수 없는 상대인지에 대해 빨리 판단하여 협력적인 태도로 전환하여 필요한 길을 잘 찾아간다. 이들은 자립심과 협동심, 사회적 관심과 공동체감이 높은 아이로 인정되어 성공가도를 달릴 확률이 매우 높다.

② 가지는 것에 집착하는 유형

소위 '반칙왕 둘째'라고 할 정도로 맏이의 약점을 찾아 밝히고 부모의 사랑을 얻기 위한 노력을 한다. 또는 맏이보다 한 템포 빠르게 원하는 것을 쟁취하거나 맏이가 이루지 못한 것을 찾아 성취하여 부모의 칭찬을 받고자 한다. 이들은 맏이에 대한 부모의 첫사랑을 끊기 위해 정면승부보다는 잔꾀를 부리거나 맏이의 취약점을 이용하는 등의 전략을 짠다. 그래서 가끔은 욕심쟁이라거나 이기적인 아이로 미움을 받게 된다. 그러나 이때 어린 나이의 아동은 오히려 사랑과 위치 확보에 위태로움을 느끼고 더욱 더 박차를 가한다. 이런 악순환이 거듭되어 성장하여서도 대인관계나 직업생활에서 얌체라든지, 욕심쟁이로 인식되어 사랑받지 못하는 사람이 될 가능성이 높다.

③ 경쟁에 고착된 유형

이 유형의 아이들은 형과의 관계에서 경쟁주제를 해결하지 못하여 지나치게 집착하게 된다. 이들의 삶의 주요테마는 오직 누가 이기느냐, 누가 힘을 가지느냐이다. 이들은 형제관계와 가족관계를 넘어서 친구관계, 직업적 관계에서도 경쟁구도로 모든 것을 해석하고 반응하기도 한다. 직업으로 혁명가나 개혁가가 될 소지가 많아 스스로 늘 긴장감 속에 살게 된다. 이들의 대인관계는 편하지 못하고 융화와 타협보다는 경쟁과 투쟁의 구조로 끌고 갈 확률이 높다.

④ 경쟁에 실패하여 자포자기한 유형

맏이가 매우 우수한 경우, 둘째는 감히 도전할 수 없다고 자포자기하는 경우이다. 첫째에게 도전할 것을 단념하고 위축된 태도를 보이거나 늘 실의에 빠져 있는 경우이다. 이들은 자신이 도전하거나 쟁취하여 얻을 수 있는 것은 이 세상 그 어디에도 없다는 염세적인 생각에 빠져 있다. 무기력하고 의욕이 없으며 능력에 비해 노력하지 않는 둘째 아이들이 이런 형제간의 역동에 빠져 있을 가능성이 높다.

(3) 중간 아이 이야기: 샌드위치! 여분 타이어

앞서 태어난 형과 치열하게 경쟁 중인 나에게 또 하나의 경쟁대상이 나타났습니다. 늦게 태어났다는 이유만으로 제가 받지 못했던 애틋한 대접을 받게 되는 동생이 출현한 것입니다. 저는 앞에서 달리는 형을 이기기도 해야 하지만 뒤에서 따라오는 동생에게도 지지 않기 위해 달려야만 했습니다. 그러나 이렇게 노력하지만 가족 안에서 제가 앉을 수 있는 특별한 의자는 없었습니다. 제가 없어도 가족은 잘 살아가고 있고, 제가 있을 때 그들은 여분의 의자를 꺼내주었습니다. 제가 갈 수 있는 길은……

① 경쟁과 협력의 적정선을 지키며 성공한 유형

아들러는 중간 아이를 설명하기 위해 달리기 시합을 예로 들었다. 중간 아이는 앞서 달리는 맏이를 이기기 위해서도 달려야 하지만 뒤에 오는 동생에게 따라잡히지 않기 위해서도 달려야 한다. 이렇게 부지런하고 성실하게 매진한 노력은 빛을 발하여 능력 있는 아이로 학교에서 인정을 받기도 한다. 형제관계가 준 훈련의 장을 잘 받아들여 자기성취의 발판으로 삼은 경우다. 이들은 때로 경쟁보다는 협력과 타협을 선택하여 보다 건설적인 방법으로 원하는 것을 얻는 현명함을 발휘한다. 사회적으로도 타인과의 관계에서 공동체감이 뛰어나 개인적 사회적 유능감을 발휘해 모든 이에게 환영받는 사람이 되고 적응적인 인간으로 살아가게 된다.

② 아버지와의 연합을 선택한 유형

위에서 언급한 아들러의 형제 순위는 둘째였지만 손아래 동생과의 관계를 통합하면 중간 아이에 속한다. 중간 아이들 중에는 형으로부터 쟁취한 부모의 사랑을 동생에게 빼앗기지 않으려고 부단히 노력한다. 특히 어머니의 사랑을 다시 되돌리기 위해 고군분투해보지만 결국 실패로 돌아간다. 그때 차선으로 찾은 것이 바로 아버지의 사랑이다. 이때 아버지도 아이가 셋으로 늘어나면서 더 이상 부인의 사랑을 받을 수 없다는 체념에 빠져 있다가 중간 아이의 프러포즈를 받아들이게 된다. 이는 위에서 언급한 '차선의 길을 선택한 맏이 유형'과 유사한 패턴이다.

③ 존재의 이유를 만들기 위해 노력하는 유형

맏이와 막내는 가족 내에서 특별한 심리적 위치나 대우가 자동적으로 보장된다. 부모에게 부모라는 최초의 선물을 준 첫째 아이, 늦게 태어나 특별한 노력 없이 성취와 특권을 누리는 막내에 비하면 둘째는 특별한 존재의 이유를 내세우기가 어렵다. 이들은 부모나 조부모에게 자신이 '남은 타이어'이지만 가족이 달리는 데 반드시 유용한 역할을 할 것이라는 존재감을 심어주기 위해 부단히 노력한다.

맏이에 대한 부모의 기대를 대신 충족해주려 하거나, 말썽쟁이 동생의 실수들을 뒤치다꺼리하며 본인도 이 가족 내에서 무엇인가 의미 있는 일들을 하고 있음을 보여주려 애쓴다. 그렇게 노력을 통해서만 존재가치를 인정받을 수 있다고 생각하기 때문에 이들은 타인의 욕구 충족에 매우 민감한 사람이 된다.

(4) 막내 이야기: 역전의 용사! 마지막 황제!

나는 우리 집에서 '마지막 황제'입니다. 손위 형제들이 때로 질투의 눈빛을 보내오는 것 말고는 대체적으로 다들 저를 귀여워하고 특별 혜택도 많습니다. 그러나 위의 형제들과 함께 있으면 저는 언제나 열등한 것 같아 그들처럼 되기 위해, 또는 그들을 이기기 위해 아주 열심히 노력하게 됩니다. 하지만 제 안의 무엇인가가 늘 저를 막내가 되라고 손짓하고 저는 주저앉아 그렇게 행동할 때도 있습니다. 저는 남들에게 사랑받는 건 자신 있습니다. 그러나……

① 극단의 노력으로 우월추구에 성공한 역전의 용사 유형

아들러에 의하면 가끔 막내는 매우 강하게 성장하여 다른 형제자매를 전부 능가하는 특성을 보인다고 하였다. 앞선 형제들과의 비교와 경쟁상황에서 이겨내기 위해 부단히 노력한다. 이들은 지속적인 불리한 상황에서 이겨내기 위해 다른 사람을 추월해야 한다는 우월추구 성향을 강화하게 되고 이에 대한 보상을 얻기 위해 노력하여 성공한다. 이들에게 불리한 듯하나 유리한 상황은 앞선 많은 형제들의 존재가 경쟁과 투쟁의 대상이 되어주고 막내에 대한 부모의 애틋한 사랑은 든든한 자원이 되어준다는 것이다.

② 원조와 도움의 울타리에 머무르는 유형

위와 반대로 일부분의 막내들은 자신의 막내 신분을 퇴행적으로 이용하는 경우도 많다. 그들은 자신은 제일 어리고 도움을 받아야 할 존재이며, 원하면 세상은 무엇이든 만들어줄 것이라는 신념을 발달시킨 것이다(Titze, 1979). 그래서 많은 막내들은 부모와 손위 형제들에게 의존적인 태도를 보인다. 이러한 아동기 경험은 성장 후 친구나 동료들에게 이어져 스스로 해결하려는 의지나 행동보다는 도움을 받아 해결하려는 태도를 보이기도 한다.

③ 영원히 귀여운 응석받이 유형

부모가 손위 형제들보다 막내에게는 규율에 관대하여 성인과의 관계에서 잘 복종하지 않는 특성을 보이기도 한다. 막내는 손위 형제들과 부모에게 귀여운 행동으로 원하는 것을 얻으며 자신의 막내적인 특성을 강화해간다. 그러나 이들의 이러한 특성은 한편으로는 조금 미숙한 형태로 나타나 응

석받이로 인식되지만 때로는 상황을 판단할 때 보다 유연한 특성도 있다. 그 외에도 유머와 재치가 뛰어나 또래에게 인기가 많고, 애교가 많은 편이다.

(5) 독자 이야기: 외로운 왕! 유아독존!

저는 원하는 것이면 모두 차지할 수 있지만, 혼자라 '외로운 왕'입니다. 저는 누구와 나눠 가지거나 가지기 위해 싸울 일도 없습니다. 그래서 제게 경쟁은 별 의미 없는 말입니다. 부모님은 제가 이 세상에서 최고라고 하지만 가끔은 혼란스럽기도 합니다. 왜냐하면 집에서는 최고이지만 밖에 나가면 작아진 저를 발견하곤 하니까요. 집에 있으면 무대를 독차지할 수 있는데 집을 떠나면 제게 많은 시련이 다가옵니다. 그래서 저는 바깥세상으로 나가기가 두렵고 바깥세상의 그 무엇들을 받아들이고 싶지도 않아요.

① 경쟁에 약한 과장된 자아 유형

독자들은 큰 노력 없이도 부모의 사랑을 독차지하고 원하는 것을 쉽게 얻을 수 있다. 그래서 이들은 실제적인 자아보다 훨씬 과장된 자아상을 가지고 있다. 이들은 경쟁을 통해 얻은 것이 적으므로 타인에게 좋은 경쟁자가 될 확률이 적다. 경쟁으로 인한 압박감이나 무엇을 가지려 절실하게 노력하는 바가 적다. 이런 특징은 다른 한편으로 다른 아이들과 공평하게 나누어 가지거나 협동하여 얻는 과정에도 취약하다. 장기간 부모와의 관계에서 터득한 기술로 또래와의 상호작용에서보다 어른들과의 상호작용에서 오히려 능숙함을 보인다.

② 모성 콤플렉스에 사로잡힌 유형

독자들 중에는 특히 어머니의 익애를 받는 아이들이 많다. 어머니와의 관계가 융합되어 있어 지나치게 의존할 가능성도 높다. 어머니와의 연합이 너무 강한 경우, 아버지와는 오히려 경쟁관계가 되기도 한다. 이런 상황에 있는 아이들을 아들러는 모성 콤플렉스에 사로 잡힌 아이들이라고 하였다.

③ 무대의 중심을 떠나지 않으려는 아이

독자들 중에는 집에서 무대를 독차지했던 습성이 남아 또래관계에서 공동체적 태도가 부족한 경우가 많다. 이들은 다른 형제들과 친하거나 싸우면서 지낸 경험이 없어서 또래관계에서 함께하는 데 필요한 태도가 부족하다. 항상 무대의 중심에 있었기에 사회생활에서 무대의 중심에 서지 못하면 힘들어하거나 다른 이로부터 위협을 받았고 불공평했다고 생각한다. 가끔은 자신의 이기주의가 맞고 이를 비난하는 다른 이들이 틀렸다고 여긴다.

④ 지위에 흔들리는 삶의 주인공 유형

독무대를 즐겼던 독자들은 그에 준하는 무대가 연장되면 능력을 발휘하거나 협동적이며 유용한 사람이 된다. 그러나 그런 자리가 보장되지 않거나 우월한 입장을 빼앗길 때는 인정이나 수용보다는 불평이나 비판, 불만가가 되고 만다. 잃어버린 힘과 권위를 보상하기 위해 거만하게 굴거나 냉담한 척, 또는 위세를 부리며 자신을 방어하기도 한다.

(6) 외동딸, 외동아들 이야기: 순한 양! 선머슴아!

저는 여자형제 속에서 자란 남자아이입니다. 나를 챙겨주는 사람이 많아 편하게 지내면 한없이 유약해지고 나는 없어지는 것 같습니다. 내가 그들과 다르다는 걸 보여주기 위해, 내 성별이 더 우월하다는 걸 보여주기 위해 늘 긴장하고 맞서 싸워야 합니다.
저는 남자형제 속에서 자란 여자아이입니다. 여성으로 남아야 하고 나를 내세워야 하지만 이미 남성형제 문화에 길들여진 나를 발견하곤 합니다. 그래서 가끔은 매우 여자답게, 가끔은 매우 남자답게 행동하게 됩니다. 내가 한 성으로 살아가는 것이 혼란스럽고 불안할 때도 있습니다.

① 여성성이 발달한 외동아들

여자형제가 많은 가족의 남자아이는 여성적 환경의 영향을 많이 받는다. 아버지가 상대적으로 집에 있는 시간이 적고 엄마나 누나, 여동생들과 시간을 많이 가지다 보니 여성적 문화를 많이 접할 수밖에 없다. 자신이 다른 친구들과 다르다는 것을 알면서도 어쩔 수 없이 여성적 성향을 띠고 그렇게 따라가게 되는 경우이다.

② 필사적인 사투로 남자가 된 외동아들

가정 분위기에서 오는 여성적 환경에 휩쓸리지 않고 맞서 싸우며 하루 하루가 긴장의 연속이다. 자신은 여자형제들과 다르다는 것을 보여줘야 하고 우월성을 주장하기 위해서 사투하게 된다. 이들은 자신의 남성성을 강하게 돋보이기 위해 극단적일 정도로 강한 모습을 보이려 애쓰는 특성이 있다.

③ 양극을 달리는 외동딸

남자형제들 사이에서 자란 여자아이들은 매우 여성적이거나 매우 남성적인 특성을 보인다. 특히 남자형제 속에서 자란 여자형제를 '선머슴아'라고 부를 정도로 남성성이 발달한 여자형제로 발달해간다. 또는 남자형제들 사이에서 보호받고 특혜를 받으며 매우 여성적인 사람으로 발달해가는 경우도 있다.

④ 혼란하고 무기력한 외동딸

양극을 선택하지 않은 외동딸들 중에는 매우 여성적이거나 매우 남성적인 특성을 동시에 가지면서 성 정체성에 있어 스스로 혼란을 느낀다. 또 이들은 불안정감과 무기력감에 빠져 대인관계, 직업생활에서도 어려움을 보인다.

2. 형제관계 관련 측정도구

본 **PART**에서는 형제관계에 대한 다양한 측정도구를 소개하고자 한다. 형제관계를 연구하거나 형제문제로 상담센터를 찾은 내담자를 만나고 있는 경우, 아래의 척도를 유용하게 활용할 수 있을 것이다. 아래 척도들은 주로 연구자들을 위해 만들어진 척도로 절단점을 활용하여 특정문제 집단을 구분하는 기능은 없다. 그러나 임상장면에서 부모나 아동이 체크한 결과를 통해 치료자는 형제관계를 보다 면밀히 파악하여 상담전략을 구체화하는 데 도움을 받을 수 있을 것이다.

1) 형제관계

형제관계는 서로가 얼마나 온정적이고 친밀감을 가지는지, 적대와 논쟁과 경쟁과 같이 갈등 행동을 얼마나 하는지, 형제의 돌봄을 받고 지배하는 등의 상대적 지위권력은 얼마나 되는지, 그리고 부모의 애정에 대한 경쟁의식으로서, 부모가 아동 자신과 형제 중 누구에게 더 사랑과 관심을 보인다고 지각하는 가 하는 편애 지각의 내용 등에 대해 측정하는 것이다. 점수가 높을수록 해당 요인의 의미가 높음을 의미한다.

다음 척도는 Urman과 Buhrmester(1985)가 제작한 형제관계 조사도구(Sibling Relationship Questionaire; SRQ)를 박영애가 번안(48문항)한 것을 송현정(1998)이 22문항으로 축소해 수정한 것이다. 하위요인은 온정·친밀감 요인, 갈등요인, 상대적 지위·권력, 경쟁의식 등으로 구성된다.

● 형제관계 척도

번호	문항	점수				
		온정·친밀감				
1	나와 형제는 서로에 대해 얼마나 관심을 보이고 신경을 써주나?	거의 안한다	별로 많이 안한다	조금 한다	많이 하는 편이다	아주 많이 한다
		1	2	3	4	5
2	나와 형제는 둘이 같이 다니면서 이런저런 일을 함께하는 경우가 얼마나 있나?	거의 없다	별로 많지 않다	조금 있다	많이 있는 편이다	아주 많이 있다
		1	2	3	4	5

		거의 안한다	별로 많이 안한다	조금 한다	많이 하는 편이다	아주 많이 한다
3	나와 형제는 모든 일을 서로에게 얼마나 이야기하나?					
		1	2	3	4	5
4	나와 형제는 서로 얼마나 돕고 의지하나?	거의 안한다	별로 많이 안한다	조금 한다	많이 하는 편이다	아주 많이 한다
		1	2	3	4	5
5	나와 형제는 서로를 얼마나 사랑하나?	거의 안한다	별로 많이 안한다	조금 한다	많이 하는 편이다	아주 많이 한다
		1	2	3	4	5
6	나와 형제는 비밀이나 속마음을 얼마나 서로에게 털어놓나?	거의 안한다	별로 많이 안한다	조금 한다	많이 하는 편이다	아주 많이 한다
		1	2	3	4	5
7	나와 나의 형제는 서로에게 얼마나 깊은 정을 느끼고 있나?	거의 정이 없다	별로 정이 없다	조금 있다	정이 많은 편이다	정이 아주 많다
		1	2	3	4	5
8	시간이 있을 때면 나와 형제는 얼마나 함께 시간을 보내나?	거의 안한다	별로 많이 안한다	조금 한다	많이 하는 편이다	아주 많이 한다
		1	2	3	4	5

갈등

		거의 없다	별로 많지 않다	조금 있다	많이 있는 편이다	아주 많이 있다
9	나와 형제는 서로 화내고 속상하게 하는 경우가 얼마나 되나?					
		1	2	3	4	5

		거의 안한다	별로 많이 안한다	조금 한다	많이 하는 편이다	아주 많이 한다
10	나와 형제는 서로에게 얼마나 비겁하고 심술궂게 행동하나?	1	2	3	4	5

		거의 없다	별로 많지 않다	조금 있다	많이 있는 편이다	아주 많이 있다
11	나와 형제는 서로 화가 나서 말다툼을 하는 경우가 얼마나 많은가?	1	2	3	4	5
12	나와 형제는 서로 괜히 트집 잡고 잔소리하는 경우가 얼마나 많은가?	1	2	3	4	5

		거의 안한다	별로 많이 안한다	조금 한다	많이 하는 편이다	아주 많이 한다
13	나와 형제는 서로 얼마나 말다툼을 많이 하나?	1	2	3	4	5

상대적 지위·권력

		거의 없다	별로 많지 않다	조금 있다	많이 있는 편이다	아주 많이 있다
14	내가 나의 형제에게 할 일을 지시하는 경우는 얼마나 많은가?	1	2	3	4	5
15	형제가 할 줄 모르는 것을 내가 가르쳐주는 경우는 얼마나 많은가?	1	2	3	4	5
16	내가 형제에게 이래라 저래라 명령하는 경우는 얼마나 되나?	1	2	3	4	5

17	형제가 나에게 할 일을 지시하는 경우는 얼마나 많은가?	거의 없다	별로 많지 않다	조금 있다	많이 있는 편이다	아주 많이 있다
		5	4	3	2	1
18	내가 할 줄 모르는 것을 형제가 가르쳐주는 경우는 얼마나 많은가?	거의 없다	별로 많지 않다	조금 있다	많이 있는 편이다	아주 많이 있다
		5	4	3	2	1
19	형제가 나에게 이래라 저래라 명령하는 경우는 얼마나 되나?	거의 없다	별로 많지 않다	조금 있다	많이 있는 편이다	아주 많이 있다
		5	4	3	2	1

경쟁의식(편애지각)

20	평소에 어머니께서 더 잘 대해주시는 것은 나인가, 나의 형제인가?	거의 언제나 형제	나 보다는 형제	둘이 같다	형제 보다는 나	거의 언제나 나
		1	2	3	4	5
21	어머니께서 평소에 더 신경을 써주시는 것은 나의 형제인가, 나인가?	거의 언제나 형제	나 보다는 형제	둘이 같다	형제 보다는 나	거의 언제나 나
		1	2	3	4	5
22	평소에 어머니께서 더 좋아하시는 것은 나의 형제인가, 나인가?	거의 언제나 형제	나 보다는 형제	둘이 같다	형제 보다는 나	거의 언제나 나
		1	2	3	4	5
형제관계 총점		_______점				

출처: Furman, W., Buhrmester, D. (1985). Children's Perceptions of the Qualities of Sibling Relationships. *Child Development, 56*. pp.448-461.

2) 부모가 인식한 형제 상호작용 척도

다음 척도는 부모가 인식하는 형제 상호작용에 대한 내용으로 구성된 것이다. 각 문항은 손위 형제와 손아래 형제 중 누가 더 상호작용행동을 하는지를 평정하도록 되어 있다.

Daniels와 Plomin(1985)의 것을 김언경(2010)이 번안하여 소개하였다. 하위구성요인은 형제간 적대심(싸움 시작하기, 고집 피우기, 신랄하게 말하기, 화내기, 이해하기, 친절함, 실망하고 토라짐, 속이기, 사이좋게 지내기 등), 형제간 돌봄(관심 보이기, 성공하도록 돕기, 책임감 갖고 행동하기, 우월감 느끼기, 대장처럼 행동하기, 협력하기 등), 형제간 질투(선호함, 비교하기, 질투심, 승부욕, 동경심, 열등감 느끼기 등), 형제간 친밀함(의지하기, 신뢰하기, 애정표현 등) 등으로 구성된다. 점수가 낮을수록 손위 형제가 더 많은 해당 요인의 상호작용행동을 하고 있으며, 점수가 높을수록 손아래 형제가 더 많은 해당 요인의 상호작용행동을 하고 있음을 의미한다.

• 부모가 인식한 형제간 상호작용행동 척도

문항	평상시 형제간 함께 놀이하거나 지낼 때 부모의 인식	손위 형제가 훨씬 더 많이	손위 형제가 조금 더 많이	손위 형제와 둘째가 똑같이	손아래 형제가 조금 더 많이	손아래 형제가 훨씬 더 많이
	형제간 적대심					
1	누가 먼저 싸움을 시작하는 편입니까?	1	2	3	4	5
2	누가 더 자기주장이 강하고 고집이 센 편입니까?	1	2	3	4	5

3	누가 더 상대 형제에게 신랄한 말을 많이 하는 편입니까?	1	2	3	4	5
4	누가 더 상대 형제에게 화를 많이 내는 편입니까?	1	2	3	4	5
5	누가 더 상대 형제에 대해 이해심이 많은 편입니까?	5	4	3	2	1
6	누가 더 상대 형제에게 친절한 편입니까?	5	4	3	2	1
7	누가 더 상대 형제에게 실망하고 토라지는 편입니까?	1	2	3	4	5
8	누가 더 상대 형제를 속이는 말이나 행동을 하는 편입니까?	1	2	3	4	5
9	누가 더 상대 형제와 사이좋게 잘 지내는 편입니까?	5	4	3	2	1

형제간 돌봄

10	누가 더 상대 형제에게 관심을 보이는 편입니까?	1	2	3	4	5
11	누가 더 상대 형제가 성공하도록 잘 도와주는 편입니까?	1	2	3	4	5
12	누가 더 책임감을 갖고 행동하는 편입니까?	1	2	3	4	5
13	누가 더 상대 형제에게 우월감을 느끼는 편입니까?	1	2	3	4	5
14	누가 더 상대 형제에게 대장처럼 행동하는 편입니까?	5	4	3	2	1
15	누가 더 상대 형제에게 협력적인 편입니까?	5	4	3	2	1

형제간 질투

16	누가 더 상대 형제와 함께 있고 싶어 하는 편입니까?	1	2	3	4	5
17	누가 더 상대 형제와 비교하는 말이나 행동을 하는 편입니까?	1	2	3	4	5
18	누가 더 질투가 많은 편입니까?	5	4	3	2	1
19	누가 더 상대 형제를 이기려고 노력하는 편입니까?	1	2	3	4	5
20	누가 더 상대 형제를 동경하는 편입니까?	1	2	3	4	5

21	누가 더 상대 형제에게 열등감을 느낍니까?	1	2	3	4	5
형제간 친밀감						
22	누가 더 상대 형제를 믿고 의지하는 편입니까?	1	2	3	4	5
23	누가 더 상대 형제에게 신뢰를 갖고 행동하는 편입니까?	1	2	3	4	5
24	누가 더 상대 형제에게 애정을 많이 표현하는 편입니까?	5	4	3	2	1

출처: Daniels, D., & Plomin, R. (1985). Differential experience of siblings in the same family. *Developmental Psychology, 21*(5). pp.747-760.

3) 어머니가 지각한 큰아이의 형제관계

다음 척도는 어머니가 지각하는 큰아이의 형제관계에 대한 것이다. 점수가 높을수록 큰아이(손위 형제)가 동생(손아래 형제)과 상호작용할 때 해당 하위요인에 대한 행동을 많이 한다고 지각하고 있음을 의미한다. Schaefer(1981)가 개발한 형제 행동평가(Sibling Inventory of Behavior)를 Hetherington과 Clingempeel(1992)이 발전시킨 척도로 최윤미(2005)가 번역하여 사용한 것이다. 하위요인은 경쟁, 공격, 회피, 참여, 공감, 가르침으로 구성되어 있다.

문항	주로 큰아이는……	전혀 그렇지 않다	거의 그렇지 않다	때때로 그렇다	자주 그렇다	항상 그렇다
경쟁						
1	동생에 대해 고자질한다	1	2	3	4	5
2	동생을 질투한다	1	2	3	4	5
3	동생에 대해 참견하고 모든 것을 알려고 한다	1	2	3	4	5
4	동생을 이용하려 한다	1	2	3	4	5
5	동생이 잘못했을 때 비난한다	1	2	3	4	5
6	동생에 대해 매우 경쟁적이다	1	2	3	4	5
7	동생을 불쾌하게 여긴다	1	2	3	4	5
공격						
8	동생을 괴롭히거나 귀찮게 한다	1	2	3	4	5
9	동생과 함께 있을 때 화를 낸다	1	2	3	4	5
10	동생과 다투고 말싸움을 한다	1	2	3	4	5
11	동생의 마음에 상처를 준다	1	2	3	4	5
12	동생과 신체적 다툼을 한다	1	2	3	4	5
회피						
13	동생과 함께 있는 것을 거북해한다	1	2	3	4	5
14	가능하다면 동생에게서 떨어져 있으려 한다	1	2	3	4	5
15	동생이 성공하길 바란다	1	2	3	4	5
16	동생과 함께 있을 때 언짢아하거나 토라진다	1	2	3	4	5
17	동생과 함께 있는 것을 보이길 꺼린다	1	2	3	4	5
참여						

18	동생을 놀이친구로서 인정한다	1	2	3	4	5
19	동생과 협력할 수 있다고 생각한다	1	2	3	4	5
20	동생과 집에서 잘 논다	1	2	3	4	5
21	동생을 좋은 친구처럼 대우한다	1	2	3	4	5
22	동생을 포함시켜서 계획을 세운다	1	2	3	4	5
23	동생과 비밀을 공유한다	1	2	3	4	5

공감

24	동생과 즐겁게 어울린다	1	2	3	4	5
25	동생이 성공하길 바란다	1	2	3	4	5
26	동생이 힘들어할 때 동정심을 보인다	1	2	3	4	5
27	동생의 안전과 행복에 대해 염려한다	1	2	3	4	5
28	동생이 불만스러워하거나 화를 낼 때 달래준다	1	2	3	4	5

가르침

29	동생에게 새로운 기술을 가르친다	1	2	3	4	5
30	동생이 새로운 상황에 적응하는 것을 돕는다	1	2	3	4	5
31	동생을 돌봐주고 챙겨준다	1	2	3	4	5
32	동생이 얌전히 하도록 가르치려 든다	1	2	3	4	5

출처: Hetherington, E. M., & Clingempeel, W. G. (1992). Coping with marital transitions: A family systems perspective. *Monographs of the Society for Research in Child Development, 57*(2–3, Serial NO. 227)

4) 어머니가 지각한 작은아이의 형제관계

본 척도는 위에서 소개한 큰아이에 대한 어머니의 형제관계 지각과는
달리 작은아이에 대한 것을 의미한다. Volling(1997)이 개발한 초기 아동기
형제관계 질문지(Sibling Relationships in Early Childhood Questionnaire)를
최윤미(2004)가 번안하여 사용한 것으로 하위요인은 긍정적 참여, 갈등과
경쟁, 회피성으로 구성되어 있다. 점수가 높을수록 동생(손아래 형제)이 큰
아이(손위 형제)와 상호작용할 때 해당 하위요인에 대한 행동을 많이 한다고
지각하고 있음을 의미한다.

• 작은아이의 형제관계 척도

문항	주로 작은아이는……	전혀 그렇지 않다	거의 그렇지 않다	때때로 그렇다	자주 그렇다	항상 그렇다
	긍정적 참여					
1	큰아이가 함께 놀기를 원할 때 놀잇감을 함께 갖고 논다	1	2	3	4	5
2	큰아이와 떨어진 후에 다시 보게 될 때 행복해한다	1	2	3	4	5
3	큰아이와 떨어지게 될 때 섭섭해한다	1	2	3	4	5
4	큰아이와 함께 놀이를 시작하거나 함께 논다	1	2	3	4	5
5	큰아이와 즐겁거나 재미있는 시간을 보낸다	1	2	3	4	5
6	아이가 화가 났을 때 형제끼리 격려해주고 달래준다	1	2	3	4	5
7	큰아이를 놀이친구로 받아들인다	1	2	3	4	5
8	큰아이에 대해 좋게 생각한다	1	2	3	4	5
	갈등과 경쟁					

9	큰아이에게 질투를 느낀다	1	2	3	4	5
10	큰아이와 함께 있을 때 화를 낸다	1	2	3	4	5
11	큰아이와 신체적 싸움을 한다(단지 재미를 위해서가 아니라)	1	2	3	4	5
12	큰아이를 못살게 굴거나 심술궂게 행동한다	1	2	3	4	5
13	형제간에 괴롭히거나 놀린다	1	2	3	4	5
14	무엇을 할지 큰아이에게 지시하거나 말한다	1	2	3	4	5
15	큰아이와 싸우고 입씨름을 한다	1	2	3	4	5
회피성						
16	큰아이가 떠날 때 행복해진다	1	2	3	4	5
17	가능하다면, 큰아이 곁에서 떨어지려고 한다	1	2	3	4	5
18	큰아이가 아이와 함께 있어야 할 때 언짢아하거나 토라진다	1	2	3	4	5

출처 : Volling, B. L. (1997). The family correlates of maternal and paternal perceptions of differential treatment in early childhood. *Family Relations, 46*, pp.1-9.

5) 어머니의 자녀 간 갈등관리

다음 척도는 어머니가 자녀들의 갈등을 어떻게 관리하느냐를 측정할 수 있다. Perozynski와 Kramer(1999)의 '자녀 간 갈등관리(How Do You Manage Children's Conflicts) 질문지'를 이윤주(2000)가 번안(27문항)한 것으로 하위요인은 아동중심전략, 부모통제전략, 비개입전략으로 나뉜다. 점수가 높을수록 해당 요인의 점수가 높은 것을 의미한다.

• 자녀 간 갈등관리 척도(어머니용)

자녀들이 말다툼할 때			어머니의 행동	자녀들이 몸싸움할 때		
전혀 사용안함	가끔 사용함	자주 사용함		전혀 사용안함	가끔 사용함	자주 사용함
			아동중심 전략			
1	2	3	1. 아이들에게 싸움에 대한 자신의 입장을 설명하라고 하고 아이들 모두 합의하는 해결책에 도달하도록 함께했다	1	2	3
1	2	3	2. 아이들에게 스스로 해결하려고 애쓰는 모습을 보고 싶다고 말했다	1	2	3
1	2	3	3. 아이들 의견의 불일치를 해결하기 위해서 아이들과 함께 일했다	1	2	3
1	2	3	4. 아이들에게 너희들 스스로 문제를 해결할 수 있을 것으로 믿는다고 말했다	1	2	3
1	2	3	5. 아이들에게 너희들 문제이니 둘이 이야기해야 할 것이라고 말했다	1	2	3
1	2	3	6. 일어난 일에 대해 아이들 각각의 감정에 대해 물어보았다	1	2	3
1	2	3	7. 아이들 서로에게 자신의 감정을 말로 표현하도록 도왔다	1	2	3
1	2	3	8. 아이들이 싸울 때 내가 느꼈던 감정에 대해 말했다(예: 속상하다, 화가 난다 등)	1	2	3
			부모통제 전략			
1	2	3	9. 아이들에게 그만 싸우고 서로에게 잘 대하라고 말했다	1	2	3
1	2	3	10. 아이들을 따로 떼어 놓았다	1	2	3
1	2	3	11. 남편에게 아이들의 싸움을 다루도록 요청했다	1	2	3
1	2	3	12. 목소리를 높여 그만하라고 말했다	1	2	3

1	2	3	13. 아이들을 대신해서 그 갈등을 해결했다. 즉, 누가 옳은지 또는 누가 그 물건을 가져야 하는지를 결정했다	1	2	3
1	2	3	14. 한 아이나 두 아이 모두에게 체벌을 사용했다	1	2	3
1	2	3	15. 아이들이 다른 활동을 하도록 이끌었다	1	2	3
1	2	3	16. 아이들에게 싸움을 멈추지 않으면 야단맞을 것이라고 말로만 위협했다	1	2	3
1	2	3	17. 아이들에게 싸움을 멈추지 않으면 야단맞을 것이라고 위협하면서 실제로 야단을 칠 생각을 했다	1	2	3
1	2	3	18. 타임아웃을 사용했다. 예를 들어, 다툼을 중지하고 마음을 가라앉혀 지금까지의 일에 대해 생각해보게 했다	1	2	3
1	2	3	19. 싸운 것에 대해 아이들에게 소리를 질렀다	1	2	3
1	2	3	20. 아이들이 서로 가지려고 다투는 물건을 빼앗았다	1	2	3
			비개입 전략			
1	2	3	21. 싸움을 무시했다 – 내가 하던 일을 계속했다	1	2	3
1	2	3	22. 아무것도 하지 않았다 – 아이들이 하는 대로 두었다	1	2	3
1	2	3	23. 끼어들지 않으면서 아이들끼리 싸움을 해결하도록 했다	1	2	3
자녀들이 말다툼할 때 ______점			어머니의 행동 총점	자녀들이 몸싸움할 때 ______점		

출처: Perozynsky, L., & Kramer, L. (1999). Parental beliefs about managing sibling conflict. *Developmental Psychology, 35*(2), pp.189−499.

6) 부모의 형제 대우와 형제 상호작용(어머니용)

아래 척도는 Daniels와 Plomin(1985)이 제작한 Sibling Inventory of Differential Experience(SIDE)의 4개 하위영역 중 부모의 형제 대우에 대한 것이다. SIDE의 문항은 형제가 평정하도록 제작되었으며, 형제가 같이 성장하고 함께 생활하면서 느끼는 부모의 형제 대우에 대한 내용이다.

각 문항은 어머니가 손위 형제와 손아래 형제 중 누구를 더 대우하는지를 평정하도록 되어 있고, 기현주(2004)가 번안하여 국내에 소개하였다. 하위 요인은 애정(자녀에 대한 자부심, 선호, 감정에 대한 민감성, 관심 편애 등), 통제(자녀에게 엄격함, 처벌, 꾸짖음, 훈육 등)로 구성된다. 점수가 낮을수록 손위 형제에게 더 많이 애정을 보이거나 통제하고 있으며, 점수가 높을수록 손아래 형제에게 더 많이 애정을 보이거나 통제하고 있음을 의미한다.

• 부모의 형제 대우 척도

문항	어머니의 행동	손위 형제에게 훨씬 더 많이	손위 형제에게 조금 더 많이	손위 형제와 손아래 형제를 같이	손아래 형제를 조금 더 많이	손아래 형제를 훨씬 더 많이
애정						
1	당신은 자녀들 중 누가 한 일에 대해 더 자랑스러워합니까?	1	2	3	4	5
2	당신은 자녀들 중 누구와 함께하는 것을 더 좋아하십니까?	1	2	3	4	5
3	당신은 자녀들 중 누구의 생각과 감정에 더 민감합니까?	1	2	3	4	5

4	당신은 자녀들이 좋아하는 일을 할 때 누구에게 더 관심을 보입니까?	1	2	3	4	5
5	당신은 자녀 중 누구를 더 좋아합니까?	1	2	3	4	5
통제						
6	당신은 자녀들 중 누구에게 더 엄격합니까?	1	2	3	4	5
7	당신은 자녀들이 잘못했을 경우 누구를 더 처벌합니까?	1	2	3	4	5
8	당신은 식구 중 다른 사람이 한 일인데 자녀가 했다고 생각하고 나무랄 때 누구를 나무랍니까?	1	2	3	4	5
9	당신은 자녀 중 누구를 더 훈육합니까?	1	2	3	4	5

출처: Daniels, D., & Plomin, R. (1985). Differential experience of siblings in the same family. *Developmental Psychology, 21*(5). pp.747−760.

7) 비장애 형제관계태도 척도(Schaeffer Sibling Behavior Rating Scale)

다음 척도는 장애아를 둔 비장애아의 형제관계 태도를 측정하는 것이다. 당황적, 적대적, 수용적, 지지적에 해당하는 태도로 구성되어 있고, 점수가 높을수록 해당 요인이 높음을 의미한다. 장영애(1986)의 연구에 소개되어 있다.

문항	나는	항상 그렇다	그런 편이다	보통 이다	그렇지 않은 편이다	전혀 그렇지 않다
	당황적					
19	사람들 앞에서 장애형제와 함께 있는 것에 당황한다	5	4	3	2	1
22	장애형제를 부끄러워한다	5	4	3	2	1
	적대적					
5	장애형제에게 화를 낸다	5	4	3	2	1
7	장애형제가 특별한 관심을 받는 것에 대해 질투한다	5	4	3	2	1
9	장애형제와 함께 놀거나 농담할 때 장애(혹은 나이차)를 잊어버리는 것 같다	5	4	3	2	1
11	가능하면 장애형제를 피하려고 한다	5	4	3	2	1
14	장애형제와 사소한 일로 소란스럽게 떠들거나 논쟁을 벌인다	5	4	3	2	1
17	장애형제가 뭔가 문제를 일으키는 것에 대해 불평한다	5	4	3	2	1
20	장애형제와 함께 있어야만 할 때 기분 나쁜 표정을 하거나 토라진다	5	4	3	2	1
	수용적					
1	장애형제를 기쁘게 하려고 무엇인가 한다	5	4	3	2	1
2	장애형제를 귀찮아하거나 짜증나게 괴롭힌다	1	2	3	4	5
3	장애형제를 위해 기꺼이 심부름 하고 호의를 베푼다	5	4	3	2	1
6	장애형제의 문제보다 좋은 점을 더 많이 본다	5	4	3	2	1
8	장애형제가 화를 내거나 기분이 좋지 않을 때 편안하게 해주려고 노력한다	5	4	3	2	1
13	장애형제를 해롭게 하거나 귀찮게 하는 것으로부터 보호한다	5	4	3	2	1

| 15 | 장애형제가 진전을 보이면 기뻐한다 | 5 | 4 | 3 | 2 | 1 |
| 21 | 장애형제의 장점보다는 문제점이나 장애를 더 많이 지적한다 | 1 | 2 | 3 | 4 | 5 |

지지적

4	장애형제를 돕는다	5	4	3	2	1
10	재미있는 것을 장애형제에게 보여주거나 말한다	5	4	3	2	1
12	새로운 상황에 적응하도록 장애형제를 도와준다	5	4	3	2	1
16	장애형제에 대해 좋은 점을 말한다	5	4	3	2	1
18	장애형제와 함께할 수 있는 것에 대해 아이디어를 가지고 있다	5	4	3	2	1
23	장애형제를 참여시키는 계획을 세운다	5	4	3	2	1
24	새로운 기술을 장애형제에게 가르친다	5	4	3	2	1

출처: 장영애(1986). 「아동의 가정환경과 발달특성 간의 인과모형 분석」. 연세대학교 박사학위논문.

3. 역기능적 형제관계로 인해 생기는 심리적 문제

우리 아들은 열두 살이고 내성적인 편입니다. 학교에서 친구도 별로 없고 동네에서도 딱히 자주 만나서 노는 아이도 없습니다. 네 살 차이로 동생이 하나 있는데 사이가 정말 안 좋습니다. 동생이 태어나기 전에 제가 아파서 병원에 오래 입원하였고 태어나서도 둘째아이가 많이 아픈 바람에 큰아이에게 신경 쓸 여력이 없었습니다.

그런데 그게 문제였던 걸까요? 동생이 조금만 잘못해도 공격적으로 대하고 '꺼져', '죽여버린다'며 거친 말을 해댑니다. 제게 동생이 없어지면 좋겠다고 하더군요. 저와 남편이 항상 동생 편만 든다고 합니다. 저희는 공평하게 대하려 노력하지만 아이는 말도 안 될 정도로 억지를 부립니다. 피해의식이 강한 걸까요? 아니면 정말로 저희가 차별을 하고 있는 걸까요? 큰아이는 화가 나면 방에 들어가 모든 물건들을 밖으로 던지고 문을 잠그고 오랫동안 나오지 않습니다. 제가 혼을 내는 중에 침을 뱉기도 하고 동생을 때릴 때는 정말 무서울 정도로 눈이 돌변합니다.

그리고 학교에서도 다른 아이들만 좋아한다며 선생님들을 증오한다고 합니다. 전쟁영화를 보다가 저 총이 자신에게 있으면 모두 다 쏘아 죽이고 싶다는 말도 했습니다. 가끔은 자신이 너무나 못났고 쓸모없는 인간이라며 죽어 마땅하다고도 했습니다. 날로 변해가는 아이의 행동에 두려움까지 생깁니다. 어떻게 해야 할까요?

위의 사례는 형제관계에서의 부정적 경험이 현재 또래관계와 학교생활 적응문제, 낮은 자기 가치감과 내외적인 행동문제에 영향을 미친 경우이다. 형제관계가 기능적인 경우는 인간의 삶에 많은 '득'을 얻지만 잘못 기능하였을 때는 많은 '실'을 가져다준다.

본 장에서는 잘못된 형제관계 경험이 이후 삶에 어떤 영향을 미치며 어떠한 적응상의 문제를 일으키는지에 대해 살펴보고자 한다.

1) 낮은 자아 가치감

부모의 차별적인 양육행동은 아동이 자신의 능력이나 가치를 낮게 지각하게 하고 자신에 대한 존중감을 감소시켜 전반적인 자아개념을 부정적으로 형성하는 데 영향을 준다(신나나, 2000; Dunn & Mcguire, 1994). 형제관계에서 어머니가 상대 형제보다 자신을 덜 선호하고 더 많이 통제한다고 자녀가 느낄수록 낮은 자기 가치감을 지닌다. 이는 형제를 대하는 어머니와 아버지의 차별적 양육태도의 결과로 나타난 학업적 자아개념의 차이에서도 유사한 양상을 나타낸다(이환주, 2004).

학업을 중시하는 우리나라의 문화적 풍토를 감안하면 부모의 차별적 양육태도는 학업적 자아개념에도 결정적인 영향을 주고 이는 다시 부모의 차별적 양육태도를 불러일으키게 된다. 이렇게 악순환을 거듭하며 낮아진 자아개념은 다른 영역으로 확장되어 아동의 잠재능력을 낮추고 다른 문제행동의 원인으로 작용하게 된다.

2) 열등감과 피해의식

부모가 한 자녀만 편애하거나 불공평한 대우를 하게 되면 상대방 자녀는 열등감과 피해의식에 사로잡히게 된다. 장애형제를 둔 비장애아이들의 피해의식이 일반아동들에 비해 높은 것은 이 주장을 잘 증명해준다. 특히 연령이 어린 자녀는 부모의 의도를 이해하는 데 자기중심적인 면이 있고 상황을 충분히 파악하고 이해하는 데 한계가 있다. 이들의 불충분한 사회인지 능력은 부모가 특정상황에 의해 다른 형제에게 특별대우를 하지만 자신은 이유없이 피해를 당하고 있다고 여긴다. 이 아이들은 자신에게 중요한 사건이 발생했을 때 이성적이고 합리적으로 상황을 받아들일 정서적 안정성이 부족하다.

또한 유아기와 같이 발달특성상 인지적 오류가 생길 수 있는 가능성이 높은 시기에 이러한 경험을 하게 되면 피해의식 발달이 매우 강해진다. 그러나 환경을 잘 이해하고 받아들일 수 있는 연령이나 사회성숙도가 준비된 아이들은 부모가 형제(장애형제나 더 나이어린 동생)를 다르게 대우하였더라도 피해의식으로 남지 않는다고 한다(Stoker 등, 1989; Volling & Elins, 1998).

3) 불안

형제관계를 형성할 때 손위 형제들은 동생이 생길 때 부모로부터 애정이 철회되거나 상실하는 것에 대해 불안과 걱정을 느끼기 시작한다. 준비되지 않은 상황에서 반갑지 않은 손님을 맞은 손위 형제들은 이후 삶에서 부모의 차별적 대우에 극도로 예민하고 부모의 사랑을 빼앗기지 않기 위해 많은 정서적 에너지를 소모하게 된다.

아동은 가족관계에서 늘 사랑을 갈구하고 이는 불안 정서로 이어지게 된다. 또 이러한 형제관계로 인한 심리적 갈등이 해소되지 않고 성장하게 된다면 학교, 대인관계, 직업현장 등에서 타인으로부터의 관심과 인정을 받지 못하는 것에 대해 지나친 불안과 걱정을 느낀다. 이러한 쟁취에 대한 불안과 걱정은 자신의 욕구보다는 타인의 관심을 얻기 위해 수단과 목표를 가리지 않고 비합리적인 행동을 하게 되거나 자신의 건강한 에너지를 소모하며 의미 없는 일에 몰두하게 된다.

4) 우울

부모의 사랑을 받고자 하는 경쟁의식은 만 3~6세에 가장 민감하게 발달하며 유아기에는 경쟁과 질투가 형제관계의 주요한 상호작용이 된다. 이런 동생이나 형에 대한 경쟁과 질투가 해결되지 않고 평생을 살아가는 경우, 형제를 이긴 결과에 대해 지나친 죄책감을 가지는 경우도 있다. 높은 질투심이 형제를 향한 분노와 폭력으로 연결되고 이는 다시 자신을 향한 미안함과 죄책감으로 이어져 결국 우울증으로 발전할 가능성을 배제할 수 없다.

연구에 의하면 어머니로부터 상대형제에 비해 더 적은 애정을 받고 있고, 더 많이 통제되었다고 생각할수록 자녀들은 지속적인 애정 상실감이 축적되어 우울증을 앓을 확률이 높다고 하였다(Kowal & Kramer, 1997; Kramer & Conger, 2009; Volling, 1997; Volling & Elins, 1998).

5) 적대적·공격적 행동

부모의 양육태도 중 부정적으로 과잉통제하거나 훈육을 할 경우 형제관계는 부정적인 영향을 받는다. 이는 형제관계에서 적대적이고 공격적인 행동을 유발하여 또래관계로 연결되는 경우가 있다. 또한 부모와 불안정애착을 형성한 아동들은 부정적 형제관계를 형성하여 역기능적인 행동패턴으로 상호작용할 가능성이 높다(Miller, 1993). 또 이들은 지속적인 애정 상실감이 축적되어 외현적 행동문제를 보일 확률이 높다고 보고되고 있다(Kowal & Kramer, 1997; Kramer & Conger, 2009; Volling, 1997; Volling & Elins, 1998).

형제를 둔 어머니가 특정 자녀를 편애할 경우, 소외된 아동은 분노감을 축적하여 외현화된 행동으로 문제행동을 드러내기도 한다. 어떤 연구에서는 첫째 아이가 기질적으로 부정적인 정서가 높을 경우 어머니는 이를 수용하고 받아주어 차별적 양육을 하지 않는 반면, 둘째 아이가 이러한 특징을 보일 때는 통제적·부정적인 언어로 대하여 외현화 행동을 부추길 가능성이 높다고 하였다.

형제의 모습을 그린 최초의 이야기는 「에덴의 동쪽」이라는 영화로 구약성서의 '카인과 아벨' 형제의 이야기가 모티브가 되었다. 아담과 이브가 에덴동산을 쫓겨난 뒤 낳은 형제가 카인과 아벨이다.

농부였던 형 카인은 하나님이 목축업을 하던 아벨의 제물만 반가이 받아들이자, 질투심으로 인류 최초로 살인을 저지르는 인물이 되고 말았다. 이렇듯 차별은 질투를, 질투는 분노를, 분노는 살인이라는 극악한 죄를 짓게 하였다.

형제 중에 기질적으로 더 활동적인 아이들에게 부모들은 신체적으로 더 지적하거나 적의적인 태도를 보여 아동의 외현화된 행동문제를 높일 가능성이 높다고 보고되고 있다.

6) 대인관계 어려움

부모가 형제를 차별대우할수록 형제간 상호작용은 갈등적으로 변하고 대인관계에서도 친사회적이지 못하다고 한다(Dunn, 2002; Volling, 1997; Volling & Belsky, 1992). 이들은 형제로 인한 부모의 지속적인 애정 상실감이 축적되어 내외현적 행동문제로 발전하며 이는 다시 사회적응상의 어려움을 보일 확률이 높다(Kowal & Kramer, 1997; Kramer & Conger, 2009; Volling, 1997; Volling & Elins, 1998).

실제 임상현장에서의 사례를 보면, 형제관계에서 부모의 차별대우로 인한 지나친 경쟁심과 질투심을 경험하거나 그런 감정들을 해결하지 못한 사람들은 대인 간 경쟁상황에서 지는 것을 견디지 못한다. 다른 사람의 결과에 대해 부적절한 평가를 내리고, 자신이 아닌 다른 사람이 칭찬을 받는 상황이 되면 화를 내거나 상황에 맞지 않는 행동을 하는 등의 유아적 행동을 보이고 있다.

그러나 형제관계에서 지나치게 우호적이고 친밀한 관계만을 강요당하며 자란 아이들은 이후 또래 관계가 빈약할 가능성도 있다.

야곱형제 이야기

성경 속의 또 다른 유명한 형제로는 '에서와 야곱'이라는 이란성 쌍생아의 이야기가 있다. 형 에서는 뛰어난 사냥꾼인 활동적인 사내로서 아버지의 사랑을 듬뿍 받고 자랐으며, 동생인 야곱은 주로 집에서 조용히 지내던 여성적인 성격으로 어머니의 총애를 받고 자란 질투 많은 사람이었다.

오죽하면 태어나면서도 형의 발목을 잡고 태어나더니, 급기야 배고픈 형에게서 팥죽 한 그릇으로 장자의 권리를 빼앗았으니 말이다. 결국 형의 자리를 탐내고 그 탐욕을 이루고는, 형이 무서워 집과 고향을 등지는 신세가 되었다. 물론 이스라엘의 시조로 '카인'과는 다른 대접을 받는 위대한 인물이지만, 형제간의 욕심과 질투는 가정과 형제관계를 파괴하는 부덕한 것이라는 경고성 교훈을 주는 이야기이다.

보상모델(Mendelson, 1994)에 의하면 적절한 갈등과 경쟁관계는 갈등적·경쟁적인 상호작용 경험을 풍부히 하여 사회적 이해능력을 기르게 한다고 하였다.

이들은 오히려 또래들과 쉽게 친밀해지고 더 돈독한 우정을 나누어 좋은 사회적 관계를 형성한다고 한다(Dunn, 2002). 결론적으로 형제관계 경험에서 지나치게 한쪽 면을 강조하기보다 균형적 발달과 경험을 제공한다면 형제관계의 긍정적 기능은 극대화될 것이다.

7) 학교적응문제

가정에서 부모로부터 편애로 인한 불공평한 대우를 받았던 아동은 학교에서 교사와의 관계에도 영향을 미친다. 학기가 시작되면서 부모로부터 받지 못한 인정과 관심에 대한 욕구를 교사로부터 회복하려 하나 객관적인 평가나 교사의 태도에 의해 좌절될 때가 많다. 이때 아동은 부모에게 품었던 적개심을 교사에게, 그리고 형제에게 품었던 질투와 피해의식을 친구들에게 전이하여 학교생활이 순탄하지 않게 된다.

실제 자신보다 인정받는 친구들에 대한 질투감이나 성인에 대한 인정욕구의 좌절로 학교는 그야말로 지옥이 되는 것이다. 가족안에서 해결되지 않은 감정이 학교로 확장되고 자신의 주관적 감정에 의해 세상을 해석하면서 학교생활에서 모든 사람과의 관계가 불평과 불만으로 가득하게 된다. 이는 나아가 다른 조직과 사회로 확장될 가능성이 높다. 또한 최근 문제가 되고 있는 '등교거부'의 근본원인이 되기도 한다.

8) 장애형제를 둔 일반아동의 정신건강 문제

장애형제를 가진 아동들은 장애형제와 자신을 과잉 동일시하는 경우가 많고, 죄책감과 수치감, 상실감을 쉽게 경험한다(Meyer & Vadasy, 1994). 또한 그들은 일반아동보다 상대적으로 낮은 자아개념을 지니고 있다(Harvey & Greenway, 1984). 특히 만성적인 건강상의 문제를 가진 아동의 형제들은 일반형제를 둔 아동들보다 우울과 불안이 두 배 이상 높다는 보고가 있다(Cadman, Boyle & Offord, 1988). 특히 그들 중 발달장애형제를 둔 학령 전 일반아동은 적응력이 떨어지고 공격성과 우울증이 높은 것으로 나타났다(Lobato, Barbour, Hall & Miller, 1987).

또한 다운증후군과 같은 선천성 장애나 만성질환 아동의 형제는 사회적 고립이나 또래관계에서 어려움을 호소해오고 분노발작과 같은 문제행동을 보이기도 한다(Gath, 1973). 이들은 부모가 장애형제를 돌보느라 높은 에너지와 시간을 씀으로 인해 충분히 보호받지 못하고 자신의 욕구와 행동에 대해 이해받지 못한다고 느낀다. 이로 인해 질적인 의사소통이 이루어지기 어렵고, 상호 간의 공감대 부족으로 가족 내에서 큰 갈등을 경험하고 있다(김명선, 1987).

그러나 위의 결과와 반대로 장애아동 형제들의 긍정적인 면에 대해서 연구된 바도 있다. 그들은 생활 속에서 자연스럽게 장애형제를 보호하고 잘 돌보며(Burton, 1975), 타인에 대한 공감수준이 높고 자기 중심성이 낮은 경향을 보인다(Harder Bowditch, 1982). 또한 이타적인 성향이 높고(Vance 등, 1979), 높은 성숙도와 책임감 등과 같은 친사회적인 행동이 발달하기도 한다고 보고되고 있다.

　장애아동을 둔 형제들에 대한 연구는 긍정적·부정적 면을 모두 밝히는 연구들로 혼재되어 있으나 긍정적인 면보다 부정적 면을 밝힌 연구결과가 더 많다. 그러나 부정적 결과가 일어나게 되는 과정에서 아동의 기질이나 정신건강, 부모의 양육 스트레스, 양육 효능감, 양육태도 등의 중재가 이루어진다면 이들 부정적 결과의 양상은 달라지리라 예상된다.

PART 03

치료적 접근

자녀가 심리적 어려움이나 행동 문제를 보일 때 부모는 많은 고민과 걱정을 하며 나름의 노력을 하게 된다. 부모의 노력에도 아이의 어려움이나 문제가 지속되면 부모는 어렵게 전문가의 도움을 받기로 결정한다. 이런 결정을 하고 나면 도움을 받을 수 있는 믿을만한 상담기관을 선택하기 위해 주변에서 이미 상담을 경험한 부모나 인터넷, 다른 지인들을 통해 전문기관에 대한 정보를 알아보게 된다. 수집한 정보를 바탕으로 내 아이를 맡길 기관을 신중하게 선택하고 전화접수나 인터넷 접수 등의 과정을 통해 첫 만남을 위한 최소한의 정보를 주고받고 방문 날짜와 요일, 시간을 정한다. 여기서 최소한의 정보란, 아동의 연령이나 가지고 있는 어려움, 방문할 기관의 위치, 상담절차, 비용 등을 말한다. 이러한 과정을 거쳐 부모는 자녀와 함께 상담기관을 방문하여 접수상담을 받게 된다. 접수상담에서 부모는 걱정하고 있는 문제가 무엇인지(주 호소 문제), 이 문제에 직간접적으로 영향을 미칠 수 있는 과거와 현재, 개인과 가족에 대한 다양한 정보를 제공하여 치료자가 아동문제의 특성과 원인을 탐색할 수 있도록 돕게 된다.

접수상담 시, 부모가 표면적으로 호소하는(접수면접지에 기록하는) 자녀의 문제는 산만함, 공격적 행동, 또래관계의 어려움, 부모-자녀관계 혹은 애착문제, 틱, 거짓말이나 도벽, 분리불안, 등교거부, 위축 등 매우 다양하다. 부모가 접수상담에서 호소한 또는 기록한 다양한 문제 중에 형제관계는 누락되는 경우가 많다. 그러나 상담진행 과정에서 치료자의 탐색적 질문의 도움을 받거나 부모 스스로의 통찰을 통해 접수상담에서 간과하였거나 인식하지 못했던 형제관계에서 나타나는 문제를 보고하는 경우 또한 흔하다. 많은 부모들이 형제 갈등, 싸움에 대해 걱정하면서도 한편으로는 형제간에 흔히 있을 수 있는 일이고 아이들이 크면 나아질 거라 여기며 다른 문제들에 비해 이 문제를 심각하게 생각하지 않는 경우가 많다. 종종 어떤 부모들은 자녀들이 성별이 다르거나 연령차가 커서 서로 어울릴 일이 없다 보니 문제가 없다고 말하기도 한다.

그러나 갈등이 없는 것처럼 보이는 형제들에 관한 연구를 보면, 서로 피하기 때문에 갈등이 발생하지 않았으며 실제로는 적대적인 관계에 있었다고 한다. 이러한 부정적·적대적 형제관계에 있는 형제들은 따뜻하고 가까운 형제관계를 가진 형제들과 비교해볼 때 다른 사회적인 관계에서도 어려움을 겪는 것으로 나타났다(Bank & Kahn, 1982; Cicirelli, 1995). 즉, 형제들은 많은 시간을 함께 하고 다양한 방법으로 상호작용하면서 친구가 되고 경쟁자도 됨으로써 또래관계에 필요한 여러 가지 사회적 기술을 익히게 된다. 따라서 또래집단과의 상호작용에 어려움이 있는 대부분의 아동들은 형제관계의 문제도 갖고 있는 것으로 나타난다.

비록 부모가 접수면접지에 형제관계 문제를 기록하지 않았을지라도 형제가 있는 아동의 경우 치료자는 아동의 형제관계를 탐색해보는 것이 필요하다. 특히, 아동이 또래관계나 사회성에 어려움이 있는 아동이라면 더욱 간과해서는 안 될 것이다. 이는 비단 형제관계에 국한된 것은 아니다. 많은 부모들이 아동이 드러내는 행동 상의 문제에만 신경을 쓰거나 부모 입장에서 아동을 바라보다 보니 간과하거나 인식하지 못한 문제들이 치료자와의 상담과정에서 드러나는 경우가 많다. 따라서 치료자는 부모와의 상담과정에서 부모가 기록하지 않거나 호소하지 못한 문제들에 대해 탐색하여 아동의 문제와 원인을 정확히 파악하고 적절한 개입을 계획해야 할 것이다. 이 장에서는 아동의 문제, 여기서는 형제관계의 어려움을 해결하는 데 도움이 되는 치료적 접근에 대해서 알아보고자 한다.

1. 형제간 문제해결을 위한 개인심리 치료적 접근

1) 개인심리학적 아동상담(아들러 아동상담)

아동의 심리적 어려움이나 문제를 해결하기 위한 여러 치료적 접근들 중에서 가족 내 형제서열이나 특성, 형제간 상호작용을 치료과정에서 중요한 요소로 다루고 있는 개인심리학(아들러 상담)적 입장을 자세히 살펴보고자 한다.

(1) 개인심리학의 기본 개념 및 상담 목표

개인심리학은 개인의 환경에 대한 해석과 창조적이고 적극적인 행동이 개인의 성격을 형성한다는 입장으로, 성격의 형성을 환경과 개인 간의 상호작용이라고 보지만 개인의 창조적인 능력에 더 많은 비중을 두고 있다.

즉, 인간은 자신의 성격을 능동적으로 창조하지만, 자신의 환경이나 경험을 어떻게 해석하고 스스로 어떤 의미를 부여하느냐에 따라 삶의 태도와 방식이 결정된다는 것이다.

특히, 개인심리학에서는 인간을 생득적인 열등함을 가진 존재로 보며 이러한 생득적인 열등함을 인간이 어떻게 받아들이고 대응해 나가느냐를 중요하게 다루고 있다. 아들러는 인간은 육체적으로 약하고 무력한(열등한) 존재여서 엄청난 힘을 지닌 자연은 두렵고 무서운 존재로서 인식되며 타인의 도움 없이는 생존조차 할 수 없어 무력감과 열등 감정이 인간의 기본 감정을 이룬다고 보았다. 그리고 이러한 열등감을 개인이 어떻게 해석하는가가 모든 인간 행동에 결정적인 영향을 미친다고 보았다.

아들러는 인간은 기본적으로 자신의 약점 때문에 생기는 긴장과 불안정감 그리고 남보다 열등하고 하위에 있다는 사실을 참기 힘들어한다고 보고, 열등의 감정을 극복 또는 보상하려는 욕구를 인간의 기본 동기로 보았다. 따라서 열등감을 보상하기 위해 열심히 노력한다면 열등감은 긍정적인 것이 될 수 있으나, 생의 초기에 누구나 갖는 자연적인 열등성을 잘못 해석해서 열등 콤플렉스나 우월 콤플렉스를 지닌 성격을 형성하면 병리적 문제를 나타낼 수 있다.

개인심리학에서는 이러한 열등감을 교정, 극복하는 것을 중요한 상담 목표로 삼고 있는데, 열등감을 교정하기 위해서는 각 개인이 지닌 특수한 열등감에 대한 보상으로 우월을 추구하는 과정에서 형성되는 생활양식을 수정하는 것이 필요하다. 생활양식은 개인이 만들어낸 환경에 대한 개인의 독특한 해석으로, 인생의 초기에 한 개인의 경험을 조직하고 이해하고 그것을 예언하고 통제하기 위해서 발달시켜온 개인의 인지조직도라 할 수 있다. 따라서 생활양식은 사람들이 왜 그런 식으로 행동하고, 사고하고, 느끼는지에 대한 이유를 설명해주므로, 치료의 첫 단계에서 파악되어야 할 매우 중요한 개념이다(김춘경, 2006).

(2) 생활양식 탐색

전체적인 인간의 생활을 나타내는 생활양식은 인생의 목표뿐 아니라 자아개념, 타인에 대한 태도, 세상에 대한 태도를 포함하는 개인의 인생취향으로서 한 개인의 독특성을 나타내준다(Hjely & Ziegler, 1983). 이러한 생활양식은 한 번 결정되면 일생에 거쳐 사고, 감정, 행동양식을 지배하게 되는데, 4~5세에 그 틀이 형성되고 그 후에는 거의 변하지 않는다(Adler, 1956). 생활양식은 개인에 의해 창조된 것이지만, 환경에서 사람들과의 관계(부모, 형제자매)에서 만들어진 상황을 무시할 수 없다. 따라서 개인심리학에서는 생활양식을 형성하는 요소로 부모에 의해 형성되는 가족분위기, 형제간 서열을 중심으로 가족구성원 간의 상호작용을 분석할 수 있는 가족구도를 중요하게 다룬다.

생활양식을 탐색하기 위해서 가족분위기, 가족구도를 파악하기 위한 관찰, 질문하기, 미술기법 등이 사용된다. 가족분위기와 가족구도를 파악하기 위해서 모든 형제들을 출생 순으로 나열하여 형제서열을 파악하기, 형제들을 묘사하는 질문하기(누가 가장 당신과 다른가? 어떤 면에서? 누구와 가장 비슷한가? 어떤 면에서? 등), 각 특성(지능, 공부 잘하는, 화를 잘 내는, 운동을 잘하는, 예술적인 등) 중에서 가장 최고 또는 가장 최저의 능력을 가진 형제가 누구인지 쓰고 자신과 형제들을 평가하기, 형제간의 상호작용을 탐색하는 질문하기(누가 돌봐주었나? 누구와 놀았나? 누가 누구와 잘 지냈나? 아버지가 혹은 어머니가 가장 좋아한 사람은? 등) 등을 진행한다.

상담자는 치료에 들어가기 전에 질문할 것들을 몇 가지 준비하고 들어가 자연스러운 의사소통 분위기에서 질문해야 하고, 아동이나 부모에게 몇 회기에 걸쳐 관계를 형성해가며 질문함으로써 아동이나 부모가 질리지 않도록 한다. 이때 질문을 통한 탐색뿐 아니라 비언어적인 반응을 관찰하는 것도 중요하며, 간접적으로 질문하는 매개로서 놀이를 이용하는 것도 매우 유용하다. 또한 아들러 아동상담자들은 미술치료기법을 즐겨 활용하는데, 가족분위기나 가족구도를 탐색하기 위해 사용하는 미술기법으로는 동적가족화, 동물가족화, 가족상징화, 잡지사진을 이용한 콜라주 등이 있다.

개인심리학에서 생활양식을 탐색하는 데 가족분위기, 가족구도와 함께 초기기억 또한 중요하게 다룬다. 초기기억은 개인의 근본적인 생활양식과 자신의 삶에서 최초로 만족스러웠던 결정유형과 개인이 무엇을 자기 발달의 출발점으로 삼았는지, 또한 개인이 지니고 있는 '기본적인 생활양식의 오류'의 근원이 무엇인지 알려준다(설영환, 1987).

상담자는 5~7개의 초기기억을 모으는데, 몇 회기에 걸쳐 작업하는 것이 좋다. 아동은 초기기억을 그림으로 그려 표현하거나 말로 표현하거나 혹은 퍼펫이나 손인형을 이용해서 표현할 수 있다. 이러한 자료를 토대로 상담자는 아동의 자아관, 타인관, 세계관을 포함한 생활양식에 대한 개념을 체계화할 수 있다.

초등학교 1학년인 주영이는 아프다는 말을 입에 달고 다닌다. 툭하면 배 아프다, 머리 아프다, 어지럽다, 어깨 아프다 등등 정말이지 안 아픈 곳이 없다. 아프다는 이유로 학교에 안 가려 할 때도 많고, 조퇴하기도 한다. 전에는 바깥에서 하는 활동적인 놀이를 좋아하던 아이가 요즘에는 아프다며 잘 나가려 하지도 않는다. 최근 들어 속이 좋지 않다며 구토하는 일도 잦다. 부모는 주영이가 어디가 크게 문제가 있는지 걱정되어 병원에 가서 검사를 해보았으나 병원에선 문제가 없다고 한다. 크게 걱정했던 부모는 다행이다 안도하면서 아이가 꾀병을 부린 것인가 싶어 화가 나고, 대체 아이가 왜 이러는지 너무 답답하다고 한다.

주영이는 두 살 위인 오빠와 얼마 전 돌이 지난 여동생을 둔 둘째아이다. 주영이는 고집은 좀 세지만 성격이 활발하여 또래들과 잘 어울리고 활동량이 많아 바깥 놀이를 좋아한다고 한다. 부모는 주영이는 어디에 내놔도 걱정이 되지 않는다고 한다. 반면 주영이 오빠는 예민하고 내성적이어서 또래관계에 어려움이 있고 낯선 상황에 적응하는 데도 시간이 많이 필요하여 부모는 그런 주영이 오빠에게 신경을 많이 쓰게 된다고 한다. 부모는 아이들이 더 어렸을 때 주영이와 오빠의 성향이나 놀이 패턴이 달라 힘들었다고 한다. 주영이는 자꾸 바깥에 나가자 하고, 오빠는 바깥에 나가기를 거부하며 집에서 책을 읽거나 혼자 놀이를 많이 했다고 한다. 결국 답답한 주영이가 혼자 나가서 놀 때가 많았다고 한다. 오빠가 초등학교에 입학하면서 부모의 신경이 오빠에게 더욱 쏠리게 되었고, 이런 상황에 대해 주영이가 투정을 많이 부렸다고 한다. 부모는 주영이에게 미안했지만, 오빠가 초등학교에 적응하는 데 어려움이 있어 어쩔 수 없었다고 한다. 이런 와중에 엄마가 동생을 임신하고 출산하게 되면서 주영이의 불만이 더 많아졌다고 한다. 부모는 주영이가 올해 초등학교에 입학했지만 그래도 워낙 성격도 좋고 적응도 잘하는 아이라 별로 걱정하지 않았는데 왜 자꾸 아프다며 핑계를 대는지 모르겠다고 한다.

상담과정에서 주영이는 가족인형들을 선택하여 놀이를 하였는데, 엄마와 함께 자던 아이가 잠에서 깨어보니 엄마가 옆에 없어 엄마를 찾는데 아무리 불러도 엄마가 오지 않는 상황이나 식구들은 다 어디에 가서 없고 혼자 남아 놀이터에서 친구를 기다리는 아이를 표현하였다. 이후 상담자는 주영이에게 어렸을 때 있었던 일 중 기억나는 것(초기기억)을 그림으로 그리거나 모래상자에 꾸며보자고 제안하였다. 주영이는 모래상자에 바닷가를 만들고 아빠, 엄마, 남자아이, 여자아이를 선택하여 배치하였다.

이후 모래장면에 대한 주영이의 생각과 느낌을 이야기 나누었다. 먼저 주영이는 아빠와 오빠는 함께 화장실에 가고, 엄마는 텐트 안에서 먹을 것을 준비하고, 자신은 혼자 모래성을 쌓고 있다며 장면을 소개하였고, 가족들이 다 같이 바닷가에 놀러 가서 신이 난다고 하였다. 그러나 모래장면에 대한 질문과 대화를 통해서 주영이는 자신은 같이 놀고 싶었으나, 오빠는 항상 자신과 놀지 않기 때문에 바닷가에서도 그랬던 것 같다고 하였다. 자신은 오빠가 아닌 언니가 있었으면 좋겠다는 생각을 많이 했다고 한다. 아빠는 자신과 같이 놀다가 오빠 때문에 같이 화장실에 갔었는데, 오빠는 항상 엄마나 아빠가 옆에 있어야 되는데 자신은 그게 바보 같단 생각이 든다고 한다. 엄마는 가족들 먹을 것 챙기느라 바빴는데, 그래도 자신이 혼자 모래성을 쌓다가 조개껍질에 손을 베어 다치자 얼른 와서 치료해 주었다며 이후 상황을 이야기하였다. 주영이는 손을 베어 아팠고 물놀이를 많이 못해 재미없었지만, 엄마, 아빠 모두 다친 손에 물이 들어갈까 봐 걱정하고 계속 약도 발라주고 밴드도 바꿔주어서 기분이 좋았다고 한다. 주영이는 초기기억을 모래상자에 꾸며보는 작업을 통해 오빠에게 밀려 부모의 관심과 돌봄을 충분히 받지 못했다고 인식하는 자신의 생각과 그에 대한 감정을 표현하였다. 또한 현재 아동이 나타내고 있는 행동(아프다는 말들)이 왜 나타났는지, 그러한 행동으로 아동이 얻고자 하는 것이 무엇인지를 정확히 표현하였다.

2) 놀이치료

(1) 놀이치료의 정의 및 특성

아동은 놀이를 통해 주변 세계와 접촉할 수 있는 기회를 가지게 되고, 이러한 접촉을 통해 타인이나 사물을 관찰하고 탐험하고 실험하면서 자신과 타인 그리고 세상에 대해서 배우게 된다. 이러한 과정에서 아동은 신체적 능력을 사용하고 숙달시킬 수 있는 기회를 갖게 되고, 언어를 습득하기도 하며, 상상력과 창의력, 사고력 등의 인지적 능력을 향상해나간다. 그리고 놀이를 통해 정서적 분화와 균형을 촉진하고, 놀이 후의 성취감이나 만족감 등의 건전한 정서를 형성함으로써 정서적 발달을 도모한다. 또한 놀이를 통해 또래와 사귐으로써 대인관계능력을 향상시키고, 도덕적 기준이나 규칙, 성 역할 등의 사회적 능력을 학습하게 된다. 이와 같이, 놀이란 어떠한 강제성 없이 자발적으로 행해지며 즐거움과 만족을 수반하는 활동으로서, 아동의 신체적 성장뿐만 아니라 지적·정서적·사회적 성장을 촉진시키는 원만한 인성발달을 돕는 중요한 활동이다.

놀이치료는 이러한 놀이의 특성을 고려하여 놀이를 통해 아동들이 갖고 있는 다양한 심리적·행동적 부적응이나 발달상의 문제를 해결하려는 심리치료 방법의 하나이다. 이렇듯 놀이를 활용한 놀이치료는 심리치료적 이론에 따라 아동의 문제 정의, 놀이의 기능, 치료적 기술 적용, 치료자의 역할 등이 달라진다. 여기서는 대표적인 3가지 접근인 아동 중심 놀이치료, 정신분석 놀이치료, 인지행동 놀이치료 입장에서 형제관계 문제를 어떻게 다루어 나가는지를 살펴보고자 한다.

① 아동중심 놀이치료

아동중심 놀이치료는 아동에게 안전하고 수용적이고 아동을 존중해주는 적절한 환경을 제공해줌으로써 아동 자신이 자신의 세계를 탐험하고 힘을 얻어 진정한 자아를 발견하도록 도와 현실 세계에서 잠재능력을 최대한 발휘하도록 돕는다. 무엇보다 치료자는 놀이를 이용해 안정되고, 신뢰하는 치료관계를 형성하고, 아동의 세계에 대해 진실성, 민감한 이해, 따뜻한 보살핌과 수용, 무조건으로 긍정적인 존중 태도를 취하게 된다. 이러한 경험은 아동의 정서 표현을 돕고, 아동의 자발성을 높이며, 자기 수용과 자기 신뢰, 자기 확신을 주어 아동이 보다 능동적으로 세상과 소통하고 문제해결을 위해 노력하도록 할 것이다.

이러한 접근을 통해 아동은 무엇보다 치료자와 신뢰하는 관계를 형성하고 이를 통해 아동 내면에 억압되어 있는 좌절된 애정욕구를 해소함으로써 내면의 상처를 치유하는 데 도움이 된다. 형제관계 문제나 갈등이 비단 형제들만의 문제가 아니라 부모자녀관계(부모의 편애 등)와 관련됨을 생각해볼 때, 치료자와의 관계형성을 통한 애정욕구의 충족은 내면의 상처를 치유하고 형제관계 갈등이나 문제를 줄이는 데 효과적인 개입이다.

또한 아동은 치료자와의 신뢰 있는 관계를 바탕으로 서서히 갈등적인 형제관계에 대한 자신의 감정을 털어놓게 된다. 아동은 애정이나 즐거움에서부터 분노와 좌절에 이르기까지 형제에 다양한 감정을 가지고 있을 것이다. 놀이치료과정을 통해 아동은 이러한 다양한 감정들, 특히 억압되어 있는 부정적 감정들(예: 부모의 사랑을 동생에게 빼앗긴 상실감이나 분노, 자기 맘대로 하는 형에 대한 불만과 좌절감, 동생에게 무조건 양보해야 하는 억울함, 자신보다 유능한 동생에 대한 미움과 질투 등)을 방어나 두려움 없이 안전하고 자유롭게 표현하게 된다. 아동은 아동중심 놀이치료사의 따뜻한 수용, 적극적 경청, 무조건적인 긍정적 존중을 받으며 손인형과 같은 놀잇감을 통해 간접적으로 자신의 이야기를 하고 다양한 감정을 표현함으로써 긴장 해소와 카타르시스를 통해 치료적 과정을 경험한다.

아동이 치료자와 관계를 형성하고 형제관계와 관련된 갈등과 부정적 감정들을 표현하는 과정에서 아동은 치료자에게 직접 공격성을 표현하거나 치료실 내에서 수용될 수 없는 파괴적인 행동을 하는 등의 행동을 하기도 한다. 이런 경우 치료자는 아동의 감정을 인정하고 한계를 전달하고 갈등과 공격적인 행동에 대한 적절한 대체행동을 찾기 위해 제한설정단계(ACT) z를 적용하게 된다. 제한설정에 대한 이러한 적용은 아동이 자신의 욕구나 충동을 인식하고, 이를 사회적으로 용인되는 방식으로 해결하는 방법을 배우고, 이를 통하여 책임감을 키우도록 돕는다. 즉, 제한설정단계는 치료 장면을 형제관계와 같은 실제세계와 연결시키고 아동으로 하여금 형제관계에서의 책임감을 깨닫게 하는 데 필요하다.

② 정신분석적 놀이치료

정신분석적 놀이치료는 아동이 현재 보이는 사고, 감정, 행동을 아동이 과거에 경험하였던 감정이나 사고에 의해 영향을 받는 것이라는 가정하에, 아동이 의식하고 있지 못한 무의식 세계의 갈등을 놀이를 통해 표현하도록 하고 분석가의 해석을 통해 아동이 자신에 대해 통찰을 얻고 갈등을 해결해나가도록 한다. 이 접근에서는 아동이 형제관계에 문제를 일으키는 무의식적 갈등이나 고착 등을 탐색하고, 그와 관련된 저항이나 전이, 핵심적 불안요소를 해결해나갈 수 있도록 돕게 된다. 이를 위해 치료자는 아동이 놀이를 통해 표현한 상황, 감정 등을 해석하고 그것이 형제관계 갈등이나 문제와 어떻게 관련되는지 찾아가는 작업을 한다. 이러한 통찰과정을 통해 아동은 형제관계 갈등의 빈도와 강도를 줄여나갈 수 있다.

③ 인지행동적 놀이치료

인지행동적 놀이치료는 성인에게 초점을 맞춘 인지행동치료의 원리를 놀이치료에 적용시킨 것으로 놀이치료에 인지와 행동적 개입을 통합시킨 것이다. 따라서 행동주의적 치료방법과 인지치료적 방법이 치료의 중요한 요소로 작용한다. 행동주의적 개입은 아동에게 모방을 할 수 있도록 적절한 모델링을 제공해주는 것으로, 아동이 쉽게 접근하도록 치료자가 언어나 놀이를 통해 적절한 정보를 주고 아동이 이를 모방하는 것이다. 인지치료는 조절감, 숙달감, 행동 변화의 책임이 아동에게 있음을 알리고, 아동의 인지구조의 변화를 통하여 아동의 감정과 행동양식의 변화를 시도한다.

인지행동적 놀이치료의 접근에서는 내담자에게 놀잇감(손인형, 봉제동물 등)을 이용하여 자신의 형제관계 안에서 일어나는 몇 가지 갈등상황을 만들도록 하고, 치료사는 각각의 상황 속에서 건설적인 갈등처리 방법을 보여주고 제안하는 식으로 인형극을 꾸민다. 인형극 후에 내담자와 함께 각 상황에서 갈등이 건설적으로 처리되거나 해결되었는지 탐색해보고 이를 일상

속에서 적용해볼 수 있도록 돕는다.

　이 접근에서는 내담자가 형제관계, 갈등과 관련된 분노감이나 좌절감 등을 표출하도록 돕기 위해 다양한 놀이활동을 소개하고 사용한다. 예를 들어, 분노와 갈등 감정이 일상생활의 한 부분이며 우리가 어떻게 다룰 것인가를 선택하는 것이 중요하다는 것을 알리면서 플라스틱 거품 포장지를 터트리면서 분노와 갈등 감정을 이완시키는 발 도장 찍기와 거품 터트리기 방법(『101가지 놀이치료 기법』 참고)을 내담자에게 가르치고 시행한다. 이러한 활동을 통해 분노감 및 좌절감이 적절히 방출됨을 강조하고, 분노감을 적절히 방출할 수 있는 다른 방법들에 대해서도 이야기 나눈다.

　인지행동적 접근에서는 아동의 인지구조, 인식을 변화시킴으로써 아동의 행동과 감정을 변화시키고자 한다. 형제간의 갈등에서 많은 아동들이 부모의 편애로 인해 상처받고 힘들어하는데, 편애의 사실 여부를 떠나 아동이 이를 어떻게 인식하고 해석하느냐가 아동에게 많은 영향을 미친다. 따라서 부모의 편애에 대한 아동의 인식을 다루는 것이 필요하다. 이를 위해 편애와 관련된 과제를 제공하고 과제를 진행하는 과정에서 모든 부모들이 자녀를 사랑하지만 여러 형제 중에서 애정이 더 가는 자녀가 있다는 현실을 수용하고, 아동이 부모의 사랑을 독차지하는 것의 긍정적 측면은 물론 부정적 측면을 파악하도록 하여 편애에 대한 인식을 이겨내도록 돕는다.

다섯 살 신영이는 아침마다 유치원에 데려다달라며 엄마와 실랑이를 벌인다. 엄마가 한 살 된 남동생을 이유로 신영이의 요구를 거절하거나 어쩔 수 없이 동생을 업고 나서면 신영이는 유치원에 가기 싫다며 울음을 터트려 엄마를 화나고 난처하게 한다. 친구들과 유치원 버스 타는 것을 좋아했던 신영이가 왜 이러는지 엄마는 이해할 수가 없다. 신영이는 전과 달리 짜증도 많아져 조금만 자기 마음에 들지 않으면 소리 지르며 울어버린다. 얼마 전 우연히 아이가 혼자 있을 때 방바닥에 엎드려서 몸에 힘을 주며 땀을 흘리는 모습을 보고 신영이 엄마는 너무 놀랐다고 한다. 아이에게 하지 말라고 했는데도 계속 비슷한 행동을 하는 아이를 보니 너무 걱정이 된다며 상담소를 내원하였다.

신영이는 순한 아이여서 엄마는 신영이를 키우면서 힘든 것이 없었다고 한다. 반면 남동생은 까다로운 아이여서 손도 많이 가고 신영이를 키울 때에 비하면 몇 배가 힘들다고 한다. 하지만 아들을 바랐던 시부모님과 남편이 남동생을 낳은 후 신영이 엄마를 더 인정해주고 여러 면에서 지원을 아끼지 않기 때문에 엄마는 힘이 났다고 한다. 시부모님과 남편이 남동생을 더 예뻐하긴 하지만 크게 문제될 정도는 아닌 것 같은데, 동생을 예뻐했던 신영이가 최근 들어 별일 아닌데도 동생에게 소리를 지른다고 한다. 그리고 엄마가 남동생을 챙기고 있으면 신영이가 엄마에게 와서 무언가를 요구할 때가 많은데 엄마가 동생 먼저 해줄 테니 기다리라고 하면 토라지거나 짜증을 낸다고 한다. 엄마 생각에는 당연히 어린 동생이 먼저이고 누나인 신영이가 참아야지 싶은데 짜증내고 토라지니 야단을 치게 되고, 꼭 그 시간에 맞춘 듯 왜 그때 와서 그럴까 싶고, 일부러 그런가 하는 생각에 더 들어주기가 싫어진다고 한다.

신영이는 놀이치료과정 중에 신영이 엄마가 보고했던 위의 상황을 놀이로 표현하였다. 신영이는 사람 인형 중에서 엄마, 언니, 아기를 선택하고 자신이 엄마고, 치료자가 언니라고 한다. 신영이는 아기가 배고파서 운다며 엄마 인형을 움직이며 아기를 안아주고 우유를 먹인다. 치료자에게 언니가 와서 엄마에게 밥을 달라고 조르라고 한다. 치료자가 언니 목소리로 엄마에게 밥을 달라고 하자, 엄마(신영)는 언니에게 아기 우유를 먹이고 있으니 기다리라고 한다. 신영이가 치료자에게 계속 떼를 쓰라고 지시하여, 언니(치료자)가 엄마에게 배가 너무 고파 기다리기 힘들다며 빨리 달라고 재촉하자 엄마(신영)가

화를 내며 언니를 야단친다. 신영이는 일상에서 벌어지는 위와 비슷한 상황의 놀이를 몇 회기 동안 반복한 후, 동생과 동생을 편애하는 모에 대한 감정을 놀이에서 보다 직접적으로 표현하였다. 신영이는 다시 엄마, 언니, 아기 인형을 골라 언니와 아기를 한 침대에 눕히고는 치료자는 엄마고 자신은 언니라고 한다. 신영이는 아이가 자는데 언니(신영)가 아기를 일부러 밀어 침대 밑으로 떨어뜨려 아기가 우는 상황을 만들고는 치료자가 어떤 식으로 말해야 할지를 계속 지시한다(이후 치료자의 반응은 아동의 지시에 따른 것임). 신영이는 치료자에게 왜 아기를 일부러 떨어뜨렸는지 말하라고 지시한다. 엄마(치료자)가 언니에게 왜 아기를 일부러 떨어뜨렸냐며 화내자, 언니(신영)는 엄마는 아기만 예뻐한다며 소리 지른다. 엄마(치료자)가 얘는 한 살짜리 아기니까 챙기는 것이라며 이야기해도 언니(신영)는 계속 울며 엄마에게 계속 소리 지르며 말한다. 엄마(치료자)는 아이를 더 심하게 야단치고 언니(신영)는 울면서 그만 혼내라며 억울해한다.

3) 모래놀이치료

(1) 모래놀이치료의 정의 및 특성

모래놀이치료는 모래와 물, 여러 가지 작은 소품을 이용하여 아동이 자신의 감정과 삶의 경험을 모래상자 안에 창의적이고 자발적으로 표현함으로써 이루어지는 심리치료기법이다. 이 과정에서 아동은 자신의 내부세계와 만나고, 치료자의 도움으로 자신의 감정과 삶의 양식을 이해하고 치유해가는 과정을 경험하게 된다. 즉, 아동은 자신이 누구인지, 진정으로 원하는 것이 무엇인지, 자기 마음속에 무엇이 있고, 마음에 따라 자기의 행동이나 생활이 어떻게 영향을 받는지를 이해하게 된다.

이러한 과정에서 아동은 자신에게 잠재된 성장과 치유의 힘을 발견하고 키워 나감으로써 자신의 어려움을 해결할 수 있을 뿐만 아니라 정신적인 성숙을 이루게 된다.

모래놀이치료는 아동의 시각과 촉감을 포함한 전체적인 감각요소를 통합하는 다차원적이고 역동적인 치료방법으로 언어와 논리보다는 감각과 감성을 통한 심리치료이다. 따라서 모래놀이치료는 아동의 독특한 정신 내적 현실과 외부세계의 현실을 이어주며, 무의식적이고 비언어적인 것을 의식적이고 언어적인 측면과 연결해준다.

특히 모래상자 안에 준비된 다양한 피규어들은 아동의 내면세계를 표현하는 데 촉진적 역할을 하고, 아동들은 언어화할 수 없었던 내면의 갈등들을 피규어들을 통해 모래상자에 표현하며 3차원의 작업과정을 통해 치료자와의 언어적 의사소통이 원활해진다. 아동은 자신이 모래상자에 만든 장면을 직접 봄으로써, 또한 상담자와의 언어적 의사소통을 통해서 자신의 세계를 이해할 수 있게 된다.

(2) 형제관계 문제해결을 위한 모래놀이치료 접근

모래놀이치료에서는 특별한 지시 없이 아동에게 자신이 선택한 장면이 무엇이든지 이를 만들도록 하는 비지시적 접근을 사용하는 경우가 많다. 치료자는 아동이 장면을 만드는 동안 나타내는 어떠한 주제나 문제(예: 형제간 갈등, 편애 등)를 찾을 수 있고, 이에 대해 아동과 이야기 나눌 수 있다. 그러나 이런 비지시적 접근과 달리, 아동의 문제가 타인과의 관계에 관련되거나 외상적 경험이나 특정 감정과 관련된 것일 때 상담자가 그와 관련된 장면을 만들어보도록 구체적인 지시를 하는 지시적 접근법도 사용한다.

예를 들어, 부모관계나 형제관계에 문제가 있을 경우에는 '너의 형제(혹은 부모)에 관한 장면을 만들어보자'고 지시할 수 있고, 거부와 유기 경험으로 상처가 있다면 '네가 아기였을 때 어땠는지 꾸며보자'고 지시할 수 있다. 아동이 형제간 갈등이나 관계에 어려움이 있어 이를 표현하도록 지시하였다면, 치료자는 아동이 장면을 꾸미는 동안 거리감, 친밀감, 경계 등에 주목하면서 관계의 특성들을 살피고 이야기를 나눌 수 있다.

어떠한 접근이든 간에(비지시적 접근과 지시적 접근) 모래놀이치료 과정에서 치료자는 아동이 모래장면을 꾸미고 자신의 이야기를 하는 것을 관찰함으로써 아동의 삶과 아동의 문제에 대해 상당히 많은 것을 알게 된다. 이를 토대로 치료자는 진술 형식의 피드백이나 질문을 통해 아동이 자신의 상황을 인식하고 관련 문제를 다룰 수 있도록 돕는다. 형제관계 문제를 가진 아동이 모래장면을 꾸미고 이에 대해 치료자와 이야기를 나누는 과정에서 어떻게 자신의 상황을 인식하고 문제를 해결해나가는지에 대해 다음의 사례를 통해 살펴보고자 한다.

1. 비지시적 접근

민석이는 중학교 2학년인데도 엄마가 챙겨주지 않으면 안 된다고 한다. 준비물도 엄마가 챙기지 않으면 한 가지씩 빠뜨리고, 학원 시간도 엄마가 확인하지 않으면 잊어버리는 일이 많다고 한다. 그리고 자신감이 없어서인지 엄마나 동생에게 지나치게 의존하여 사소한 것도 다 물어보고 주도적으로 행동하지 못하고 주로 동생을 따라한다. 한 살 아래인 남동생은 형의 이런 행동을 귀찮아하여 거부하거나 무시할 때가 많은데, 그런데도 민석이는 동생에게 계속 매달린다. 최근에는 가만히 있는 동생을 자꾸 건드리며 시비 걸거나 동생의 공부나 활동을 방해하는 일이 많아 형제간의 다툼이 되는데, 체격이나 힘 등 모든 면에서 민석이가 동생에게 밀리는 경우가 많다고 한다. 그런데도 민석이가 비슷한 상황을 계속 만든다며 민석이가 동생에게 피해의식이 있는 게 아닌지 엄마는 걱정한다.

민석이는 어릴 때 순하고 착한 아이였다고 한다. 반면에 연년생으로 태어난 동생은 매우 까다롭고 요구가 많은 아이여서, 엄마는 자연히 동생에게 주의를 기울였던 것 같고 민석이 덕분에 연년생 남자아이들을 그나마 수월하게 키웠던 것 같다고 한다. 민석이는 집단에서 조용하고 친구들과 어울려 놀기보다 혼자 노는 일이 많았다고 한다. 집에서는 동생과 노는 것을 좋아하고, 동생에게 양보도 잘하고 자기 요구나 주장을 하기보다 동생 말을 잘 따라주어 형제끼리 싸우거나 다투는 일이 없었다고 한다. 반면 동생은 욕심도 많고 자기주장도 세어 형에게도 지지 않는 아이였다고 한다. 동생은 모든 면(체격, 운동, 학습, 사회성 등)에서 성장도 빠르고 잘하는 아이여서 어릴 때부터 관심이나 칭찬을 많이 받았으나, 민석이는 그렇지 않아 키우면서 많이 비교가 되었다고 한다. 민석이 엄마는 최근 들어 남동생이 자신보다 신체적으로도 작고 능력이 부족한 형에 대해 무시하는 태도를 보여 걱정이 되지만, 민석이가 동생에게 부적절하고 미성숙하게 행동하는 것을 보면 한심한 마음에 자꾸 야단을 치게 된다고 한다.

민석이는 모래놀이치료를 통해 동생과의 관계에서 경험했던 좌절감, 분노, 피해의식 등의 복잡한 감정들을 표현해 나갔고, 이후 다음과 같은 모래장면에서는 동생과의 관계, 그 속에서의 자기 모습을 표현하고 통찰해 나갔다. 민석이는 모래상자에 동물들을 사파리라고 한다. 상자 한쪽에 킹콩과 원숭이가 엉겨 있는 모습을, 반대쪽에는 아기 판다가 아기 호랑이 등 위에 올라가 있는 장면을 표현하고, 상자 여기저기에 코끼리, 하마 등의 동물을 넣어 모래상자를 꾸몄다.

민석이는 킹콩이 바나나를 들고 있는데 뒤에서 원숭이가 빼앗아 먹으려고 하고, 호랑이는 귀찮은데도 판다가 자꾸 호랑이에게 엉기고 있어 앞에 있는 킹콩과 판다가 어이없어 한다고 설명했다. 민석이는 상담자와 함께 모래상자를 탐색하는 과정에서 원숭이와 판다의 행동이 스스로를 우습게 만들고 상대에게 무시당할 빌미를 제공할 수 있음을 인식하고, 더 나아가 원숭이와 판다의 모습이 동생과의 관계에서 나타난 자신의 모습임을 통찰하게 되었다.

민석이가 만든 모래 세계

2. 동물가족화 꾸미기를 통한 지시적 접근

· 동물가족화는 미술치료기법의 하나로 이를 모래놀이치료에서 지시적 접근으로 활용한 사례.
· 동물가족화에 대해서는 '미술치료' 내용 참고 바람.

3학년인 영석이는 친구들과 어울리기보다 혼자 책 보는 것을 좋아하는 조용한 아이라고 한다. 그동안 집이나 학교에서 말썽을 부리거나 문제를 일으킨 적이 없었으나 최근 들어 수업시간에 산만하다는 지적을 많이 받는다고 한다. 영석이에게는 두 살 아래인 남동생이 있는데, 전에는 고집 세고 형을 만만하게 보는 동생에게 양보도 잘 하고 잘

참던 아이가 요즘에는 작은 일에도 동생과 실랑이를 벌이고 엄마가 형이니까 참고 양보하라고 하면 눈물부터 흘린다고 한다.

영석이는 착하고 내성적인 아이로 어릴 때부터 친구들과 어울리기보다 혼자 노는 일이 많았다고 한다. 영석이 엄마는 영석이가 어른 말도 잘 듣는 착한 아이지만, 자기 생각이나 마음을 표현하지 않아 답답할 때가 많다고 한다. 영석이의 대답이나 결정을 기다리는 것이 성격이 급한 엄마에게는 힘들다고 한다. 반면, 영석이 동생은 고집 세고 말도 잘 안 듣지만 활발하고 자기표현을 정확히 하는 아이라 엄마와 잘 맞는다고 한다. 엄마와는 달리 다혈질에 고집스런 영석이 아빠는 영석이 동생과 부딪치는 일이 많은데, 실제로 동생은 계속 고집을 부리고 아빠는 아이 고집을 꺾어야 한다며 동생을 심하게 때리거나 집 밖으로 쫓아내는 일도 있었다고 한다. 영석이 엄마는 남편이 왜 아이랑 똑같이 고집을 부리는지 이해할 수가 없고 아이가 너무 안쓰러워 남편과 자꾸 다투게 된다고 한다. 그리고 영석이 동생이 더 이상 상처받지 않도록 자신과 영석이만이라도 동생의 뜻을 꺾기보다 수용해주는 것이 필요하고, 그러다 보니 동생이 종종 영석이에게 기어오르기도 하고 말도 안 되는 떼를 쓰는 것을 알지만 영석이에게 참으라고 하거나 양보하라고 요구하게 된다고 한다. 그동안은 영석이가 잘 참아왔는데, 최근 들어 힘들어하는 모습을 보니 자신이 아이에게 너무 강요한 것이 아닌지 후회된다고 한다.

영석이는 모래상자 안에 동물가족화를 꾸며보는 지시적 활동을 통해 자신이 인식하고 있는 가족들의 모습과 특성, 자신과 동생과의 관계를 다음과 같이 표현하였다. 상담자가 가족들을 닮은 동물을 선택하여 모래상자에 넣어보자고 하자, 영석이는 티라노, 아기 사자, 백곰의 순으로 figure를 선택했다. 상담자가 왜 3명이냐고 묻자, 자신도 해야 되는 거냐고 반문하고는, 잠시 생각하다 공룡을 선택했다. 영석이는 티라노는 아빠인데 무서운 점이 닮았고, 아기 사자는 귀여운 점이 동생을 닮았고, 엄마인 백곰에 대해서는 선택한 이유를 말하기 어려워하다가 그렇게 세지는 않지만 자주 화를 내는 점이 닮았다고 한다. 자신은 공룡인데 자신이 화를 내는 점이 공룡과 닮았다고 한다. 이야기 후에 영석이는 자연스럽게 아기 사자(동생)가 공룡(영석)에게 먼저 덤비는 상황을 놀이로 표현하였는데, 공룡은 큰 덩치에도 불구하고 자신보다 한참 작은 아기 사자에게 밀리고 제대로 방어하지 못하는 모습을 표현했다.

4) 게임놀이치료

(1) 게임놀이치료의 정의 및 특성

게임놀이치료는 게임이 지니는 다양한 속성을 활용하여 아동의 심리적
행동적 어려움을 변화시키는 심리치료 방법이다. 게임은 자유놀이와는 달리
규칙이 있고 형식이 있으며 조직화된 형태를 지니고 있다. 따라서 아이들은
자유놀이를 할 때보다 게임을 할 때 정서적인 통제 경험을 더 많이 하게
되고 지적인 능력이나 사회적 기술이 더 요구되며 실제 아이들의 삶에서
일어나는 다양한 상황들을 경험하게 된다. 즉, 자유놀이에서는 규칙이 없는
반면, 게임에는 아동의 행동을 제한하는 규칙이 있고, 이러한 규칙을 통해
아동은 게임의 목표, 게임 방법 그리고 게임에서의 제한과 결과를 배우게
된다. 아이들의 일상에도 아이들의 행동을 제한하는 규칙이 있다. 이와
같이 게임에는 인간의 삶의 모습이 내포되어 있어서 게임 진행 시작은 삶의
상황이 만들어지며 아동은 이를 통해 새로운 역할과 행동을 경험하면서
집단의 규칙과 게임의 요구에 적응하는 기회를 갖게 된다. 또한 게임에는
승패라는 경쟁적인 요소가 내포되어 있어 아이들은 일상에서 겪게 되는
사회적 갈등상황을 놀이 속에서 경험하게 된다. 아동은 자기보다 유능한
성인 치료자와의 게임 상황에서 갈등, 경쟁심, 공격성, 신뢰감과 무력감을
표현하게 되고, 이러한 과정에서 나타나는 아동의 태도는 아동의 심리적
역동성을 이해하고 적절한 치료적 개입을 하는 데 도움이 된다. 다시 말해,
규칙과 경쟁이라는 요소를 갖는 게임놀이에서는 충동조절, 좌절에 대한
인내, 현실검증, 지적인 능력, 집중력 등의 자아능력을 관찰할 수 있고 이를

치료적으로 활용할 수 있다.

게임놀이치료에 사용되는 게임은 매우 다양한데, 치료적 목적이나 강조점에 따라 자아향상 게임(경쟁 게임), 대화 게임, 사회화 게임으로 나누어 살펴볼 수 있다. 이러한 분류에 따라 아동의 형제관계의 문제나 어려움을 해결하는 데 어떠한 도움을 받을 수 있는지 알아보고자 한다.

① 자아향상 게임

아동의 자아를 향상시키는 게임으로 경쟁과 도전의 측면을 강조하는 게임들을 자아향상 게임이라고 한다. 일반적으로 체스, 오델로, 막부사, 트러블, 윷놀이 등의 친숙한 경쟁 게임, 전략 게임들이 여기에 포함된다. 이렇듯 경쟁적 측면을 도입함으로써, 아동이 게임의 경쟁적 상황에서 느낄 수 있는 긴장과 불안 등의 불편한 감정을 극복하고 자신을 통제하며 좌절을 견디는 것을 배우며 자아를 강화시킬 수 있도록 한다. 또한 아동은 전략이 요구되는 경쟁적 게임을 통하여 집중력, 기억력, 행동에 대한 결과 예상, 창의적인 문제해결과 같은 인지능력을 발달시키고, 제한된 규칙 내에서 적절한 전략을 통해 상대방을 공격함으로써 공격적이고 지나치게 경쟁적인 주장을 사회적으로 용인된 방법으로 표현하는 것을 배우고 연습할 수 있는 기회를 갖는다.

다시 말해, 경쟁 게임에서 치료자는 아동이 자신의 욕구(게임에서 이기고 싶은 욕구, 유능하고 강력해지고 싶은 욕구 등)와 승패와 관련된 감정(이기고 있을 때는 기쁨, 지고 있을 때의 분노나 무력감 등)을 표현하도록 한다. 자신보다 능력 있는 형제와의 비교로 인해 상처받고 자신감이 없는 아동의 경우, 경쟁 게임에서 승리해봄으로써 유능감을 경험하며 지는 상황에서는 자신의 상처와 관련된 복잡한 감정들(분노, 좌절감 등)을 표현하는 기회를 갖는다. 전략적 게임 과정에서는 정해진 규칙 안에서 형제를 공격함(예: 체스나 장기에서 상대방 말을 잡아먹는 것 등)으로써 안전하게 형제에 대한 불만이나 분노를 풀어낼 수 있다. 이렇듯 경쟁 게임에서 이기고 지는 과정은 아동이 부모나 형제관계, 또래관계에서 느꼈던 부정적인 감정들을 드러내고 정화하는 작용을 한다.

② 대화 게임

대화 게임은 치료자와 아동 간의 대화를 통해 심리치료를 행하는 게임이다. 놀이의 기본요소인 즐거움을 포함하면서, 아동이 당면하고 있는 문제(형제관계나 또래관계 어려움, 이혼가정의 자녀, 학대당한 아동 등)에 대해 자기표현을 할 수 있도록 돕는 게임이다. 대화 게임에서는 문제상황과 관련된 질문이 적힌 게임 카드(예: 형제에게 굉장히 화가 났다면 너는 어떻게 하니? 부모님이 별거하거나 이혼한 후, 집에서 네가 맡은 일은 얼마나 변했니? 등)를 사용하여 아동이 자신의 문제와 그와 관련된 자신의 생각, 감정을 표현하고 통찰하도록 돕는다. 또한 아동은 게임이라는 안전한 환경 속에서 다양한 문제해결을 하게 된다. 이러한 대화 게임으로는 '말하기, 느끼기, 행하기(Talking, Feeling, Doing) 게임'과 '언게임(Ungame)', '집에서 일어난 일들(family happenings game)', '분노 조절 게임' 등이 있다.

▪ 말하기, 느끼기, 행하기(Talking, Feeling, Doing) 게임

이 게임은 아동들이 자신의 감정을 인식하도록 돕고 감정과 행동의 관련성을 파악할 수 있도록 하기 위해 고안된 게임이다. 아동은 형제와 관련된 생각이나 감정들을 치료자와의 구조화된 게임 안에서 표현하고 인식하며 치료자로부터 공감 받고 수용 받는 과정을 거친다.

또한 치료자는 아동이 자신의 감정과 행동과의 연관성을 깨달을 수 있도록 감정, 행동, 생각을 반영하고 명료화한다. 이러한 과정을 통해 아동은 자신의 감정표현을 부적절한 방법으로 행동화하지 않고 언어화하거나 바람직한 행동으로 표현할 수 있게 된다. 부모의 편애로 상처받고 화난 아동은 이런 자신의 마음을 편애 받는 형제를 공격하는 행동으로 표현하기 쉽다. 이런 경우 대화 게임을 통해 부모의 편애에 대한 아동의 생각이나 감정들을 표현하고 치료자의 수용과 반영, 명료화를 통해 형제에 대한 미움이나 공격적 행동과의 연관성을 통찰하고 보다 바람직한 표현방법을 찾게 된다. 더 나아가 이런 과정을 통해 아동은 부모나 형제에 대한 민감성과 인식을 형성하고 강화해나간다.

▪ 분노조절 게임

이 게임은 분노를 효과적으로 다루기 위해 고안된 것으로 아동이 가족이나 또래관계에서 분노상황이 벌어졌을 때 어떻게 인지적 기술을 사용하여 대처하는지를 게임을 통해 가르치는 문제해결 중심적인 대화 게임이다. 치료자와 1:1 구조나 소집단 활동에서 사용할 수 있으며 치료자는 아동의 문제행동에 초점을 두고 좋은 모델링이 되어준다.

아동이 게임 중에 적절한 반응을 하면 토큰이나 칩과 같은 강화물을 주어 게임 지속 동기를 높이고 게임에서 숙달된 인지적 대처를 일상생활에서 적용할 수 있도록 돕는다.

형제관계에서 발생되는 분노상황에서 아동이 공격적인 감정을 다루는 새로운 방식을 접하도록 분노조절(Anger Control) 게임을 사용한다. 아동에게 '분노조절 게임'을 하며 익힌 새로운 공격적인 감정을 다루는 방법 중 하나를 형제와의 갈등상황에서 시도해보도록 돕는다.

③ 사회화 게임·협동 게임

사회화 게임은 아동과 청소년의 사회적 행동을 수정하고 집단에 적응할 수 있는 능력을 개발하기 위한 게임이다. 사회화 게임에는 사회적 기술을 배우고 협동심을 키울 수 있는 게임이 포함된다. 사회화 게임은 주로 집단상담에서 사용되며 고도로 구조화되어 있고 다양한 행동들(예를 들면, 눈 맞추기, 주의집중, 집단 내에서 협동과 분담하기, 공감적 반응)을 연습하고 습득하도록 강화하는 행동주의적 입장이 많이 도입되어 있다.

이웃사귀기 게임은 대표적인 사회화 게임으로, 사회적 기술을 단계적으로 훈련시키는 게임이다. 이 게임을 통해 아동들은 사회적 지각수준을 높이고 대화기술이나 적절한 자기주장 방법을 연습하게 되고 분노를 다루는 방법을 함께 습득하게 된다. 형제간 갈등을 경험하는 아동의 놀이치료 중기 과정에서 아동의 정서적 문제가 어느 정도 해결되고 나면 형제관계 회복을 위한 문제해결적인 놀이를 구조화하여 접근할 때 사용할 수 있다.

사회화 게임에는 공동의 관심사를 해결하기 위해 경쟁하기보다 함께 문제를 해결해나가는 협동 게임이 포함된다. 자아가 약해서 경쟁 게임이 힘든 아이들은 협동 게임을 통해 함께 해결해 나가는 경험이 필요하다.

이 과정을 통해 성취하든 못하든 간에 모든 것을 share할 수 있다는 중요한 경험을 하게 된다. 협동 게임에는 인어공주 게임(인어공주가 왕자를 만날 수 있도록 도와주는 게임), 공룡 구하기(공룡을 물속에서 구출해내는 게임), 꽃밭 만들기 등이 있다. 형제와의 갈등과 경쟁에 지치고 상처 입은 아동은 협동 게임을 통해 형제 등의 타인과 동일한 목표를 가지고 함께하는 즐거움을 느끼며, 협동을 통해 얻을 수 있는 이점들을 경험해봄으로써 형제와의 갈등, 대립을 줄이고 협력을 촉진할 수 있다.

지석이 엄마는 요즘 지석이(남, 6학년)와 동생(남, 4학년) 때문에 너무 힘들다고 한다. 어릴 때는 사이좋게 잘 지내던 형제였는데, 크면서 사이가 점점 나빠지고 툭하면 싸운다고 한다. 게다가 지석이는 집 안에서와 집 밖에서의 모습이 너무 달라 엄마는 아이의 모습이 어느 것이 진짜인지 모르겠다고 한다. 지석이는 집 안에서는 작은 일에도 흥분하여 과격한 행동(물건 세게 던져 놓기, 강아지 발로 차기, 문 세게 닫기 등등)으로 화를 내는데, 집 밖에서는 너무 소극적이고 자기표현을 못하고 혼자 끙끙거린다. 친구들과도 잘 어울리지 못하고 밖에 나가지 않고 집에만 있으려 한다.
지석이는 어릴 때 순하고 착해서 힘들게 하는 것이 거의 없었으나, 언어발달이 조금 늦어 현재도 조리 있게 말하지 못하고 두서없이 말을 해서 답답할 때가 많다고 한다.

동생이 태어난 후에 큰아이였던 지석이는 거의 외할머니가 봐주셨다고 한다. 아이들이 성장하면서 지석이와 동생은 모든 면에서 비교가 되었다고 한다. 동생은 적극적이고 주도적인 성격이라 뭐든 알아서 잘하고 활발해서 친구도 많고 선생님들도 많이 예뻐했으나, 지석이는 소극적이고 느려서 답답하고 잘하는 것도 별로 없다고 한다. 크면서 동생이 형인 지석이를 조금 무시하고 잘 받아주지 않자 다툼이 많아졌다고 한다.

지석이는 상담과정 동안 다양한 경쟁 게임과 대화 게임을 선택하여 진행하였다. 상담과정 초기에 지석이는 전에 자신이 해본 적이 있는 익숙한 경쟁 게임(다이아몬드 게임, 윷놀이, 체스 등)을 선택하여 진행하였는데, 시작도 전에 자신은 잘하지 못한다며 자신 없어 하거나 게임에서 자신이 이겼음에도 즐거워하지 않고 비기는 것이 공평하고 마음이 편하다며 승패에 대해 솔직한 감정 표현을 하지 못하였다. 지석이는 경쟁 게임에서 이기는 경험을 통해 유능감을 경험하며 조금씩 자신감을 찾아가면서 이기고 지는 상황에서 느낄 수 있는 감정들을 편안하게 표현하였다. 무엇보다 지는 상황에서는 동생과의 싸움이나 놀이에서 자신이 항상 졌던 경험을 이야기하며 관련된 감정을 표현하기도 하였다. 또한 지석이는 '집에서 일어난 일들'이나 'Talking, Feeling, Doing' 등의 대화 게임을 통해 엄마나 동생과의 관계, 관계 속에서의 자기 모습이나 관련된 감정을 표현하였다. 예를 들어, '가족 중 나를 좌절시킨 사람은?'이라는 카드에서 지석이는 동생이라 답하며 무엇에서나 우수한 동생과 그렇지 못한 자신을 비교하고 관련된 감정을 다루어나갔다. '형제에게 화날 때?'라는 카드에 대해서는 자신을 무시하는 동생의 얄미운 행동에 대해 이야기하며 그런 동생에 대한 감정을 해소하기 위한 활동들(예를 들어, 펀치백 치기)을 진행하였다. '억울할 때?'라는 카드에서는 자기 말은 듣지도 않고 동생 편을 드는 엄마에 대해 이야기하며 가족들의 태도에 대한 감정을 표현하였다.

5) 미술치료

(1) 미술치료 정의 및 특성

미술치료는 다양한 미술활동(그림, 조소, 디자인, 서예 등)을 통해 내면의 심상을 표현하게 함으로써 무의식을 활성화하고 그 속에 묻힌 무한한 창조적 기능을 자극하여 자기치유 능력을 발휘하는 심리치료 방법이다.

미술활동은 미술도구의 사용법을 익히고, 아름답게 표현하는 기술을 배워서 작품을 완성하는 것이 목표이며 작품의 객관적인 미적 가치를 평가하지만, 미술치료는 결과보다 창작 과정을 매우 중시하고 작업하는 사람의 내면을 있는 그대로 표현하고 감정적인 부분을 표출하게 돕는다.

즉, 미술치료에서 아동은 자신이 표현하고 싶은 감정이나 생각들을 있는 그대로 작품에 쏟고, 자신의 생각과 감정이 색깔과 형태가 있고 눈에 보이는 작품으로 승화되면서 아동은 카타르시스를 경험한다.

이런 과정에서 아동은 내면에 억제되거나 상실된 부분, 또는 왜곡된 부분을 새롭게 발견하면서 차근차근 자신을 이해하고 자신의 문제에 대해서도 색다른 시각에서 바라보는 여유가 생기고, 사회적으로나 인격적으로 즐겁게 성장해나간다.

(2) 형제관계 문제해결을 위한 미술치료 접근

앞에서 살펴봤듯이, 미술치료는 아동이 말로써 표현하기 힘든 느낌, 생각들을 미술활동을 통해 표현하여 안도감과 감정의 정화를 경험하게 하고 내면의 마음을 돌아볼 수 있도록 하여 자아성장을 촉진시키는 치료법이다.

형제와의 갈등이나 어려움을 가진 아동의 경우에도, 아동은 미술활동을 통하여 사회적으로 수용되면서 해롭지 않은 방식으로 형제 갈등과 관계 문제에서 겪는 분노, 적대감 등의 부정적 감정을 해소하며 카타르시스를 경험하게 된다.

이러한 경험을 통하여 아동은 형제와의 정서적 갈등이나 그로 인한 심리적 증상을 완화시키고 상대 형제에 대한 이해심을 증가시키며 정신적 성장을 촉진한다.

미술치료에서 활용되는 기법은 자유화, 상상화 그리기, 집·나무·사람 그리기(HTP), 인물화 그리기, 가족화(DAF)와 동적 가족화(KFD), 학교생활화(KSD), 동물가족화(동물로 가족 표현하기), 난화이야기, 풍성구성법, 콜라주법 등 다양하다.

여러 기법들이 형제관계에 어려움을 가진 아동들의 치료에서 유용하게 사용되겠지만, 가족화(DAF)와 동적가족화(KFD), 동물가족화 등은 형제를 포함한 가족의 성격 특성 및 가족 간의 역동성을 파악할 수 있어 형제간 갈등이나 문제를 표현하고 해결해 나가는 데 효과적인 방법이다.

일곱 살 보영이는 집에서는 비교적 말을 잘하는데 집 밖에서는 어른은 물론 또래들과도 이야기 나누는 일이 별로 없다. 가족이 아닌 사람들과는 눈 맞추기도 힘들어하고 낯선 곳에 가면 긴장해서인지 얼굴도 금세 빨개지고 화장실도 수시로 간다. 자기표현이나 주장을 잘하지 못해서 또래뿐만 아니라 두 살 아래인 남동생에게도 대응하지 못하고 툭하면 엄마에게 와서 동생의 행동을 이르거나 해결해달라고 한다.

보영이 엄마는 보영이 어렸을 때가 잘 기억나지 않는다며 순해서 혼자 놔두어도 잘 있었던 것 같다고 한다. 보영이가 네 살 될 때까지 시부모님, 시동생 부부와 함께 살았는데, 집안 살림을 보영이 엄마 혼자 맡아서 하느라 지치고 힘들어서 아이와 놀아주는 것은 상상도 못했다고 한다. 그 당시엔 그냥 아이를 먹이고 입히고 씻기면 다 되는 줄 알았고 다른 것을 해줄 여력도 없었다고 한다. 이후 분가해서 보영이 남동생을 낳아 키워보니 보영이를 너무 혼자 두었던 것 같아 후회가 되었으나, 남동생이 워낙 까다롭고 엄마와 잘 떨어지지도 않고 아토피가 심하여 동생을 돌보느라 보영이에게는 또 신경을 쓰지 못했다고 한다. 최근 들어 보영이가 엄마와 남동생이 함께 있을 때 자신도 함께하려고 시도하거나 괜히 삐치는 모습을 보이면 안쓰럽기도 하지만, 어린 동생에게도 대응 못하고 툭하면 엄마에게 쪼르르 달려오는 것을 보면 답답하고 짜증이 난다고 한다.

상담자는 준비한 재료들(다양한 동물 그림들, 풀, 가위, 8절지 도화지, 사인펜이나 색연필)을 보영이에게 주고, 가족들을 닮은 동물을 선택하여 종이에 붙이도록 했다. 보영이는 한참 고민하다가 원숭이-캥거루-사자-고양이 순으로 고른 다음, 사자와 캥거루를 나란히 붙이고 그 아래에 원숭이와 고양이를 붙이는데 고양이를 멀리 떨어뜨려 붙인다. 상담자는 각 동물들이 누구이고, 선택한 이유가 무엇인지 물어본다. 보영이는 아빠가 사자처럼 무서워서 사자를 아빠로 선택했고, 주머니에 아기를 넣고 다니는 캥거루는 동생과 항상 붙어 있는 엄마와 닮은 것 같다고 한다. 자신은 고양이인데 달리기를 잘하는 게 닮았고, 동생은 까불고 장난이 심해서 원숭이라고 한다. 보영이는 동물가족화 작업을 통해 가족의 특성, 엄마와 동생의 친밀감, 자신과 가족들 간의 거리감을 표현하였다.

동물가족화는 가족을 동물로 표현해보는 것으로 동적 가족화(KFD)의 응용이라고 할 수 있다. 자신의 가족을 상징적 동물로 나타내는 이 활동을 통해 가족들의 관계, 그 속에서의 자신의 존재를 알아볼 수 있다.

동물가족화 활동은 아동에게 동물 그림들을 주고 가족과 어울릴 만한 동물을 선택하여 준비된 용지에 붙이도록 한다. 이때 동물을 직접 그리도록 할 수도 있다. 선택작업이 끝나면 각 동물이 가족 중 누구이며 어떤 특징을 가지고 있는지(각 동물을 선택한 이유)를 쓰고, 그림과 쓴 글을 바탕으로 이야기를 나눈다. 이러한 작업과정에서 동물을 붙인(혹은 그린) 순서, 위치나 배열방식, 서로 간의 거리, 동물의 특성 등을 탐색해봄으로써 가족 구성원들을 바라보는 아동의 인식, 친밀감 정도, 가족 내 서열이나 권력구도 등을 파악할 수 있다.

6) 독서치료

(1) 독서치료 정의 및 과정

① 독서치료란?

독서치료(bibliotherapy)란 말은 'biblion(책, 문학)'과 'therapeia(도움이 되다, 의학적으로 돕다, 병을 고쳐 주다)'라는 그리스어의 두 단어에서 유래된 것으로, 독서를 통한 심리치료라고 할 수 있다. 그렇다면 독서를 통해 어떻게 심리치료를 할 수 있을까? 독서치료는 참여자가 다양한 독서치료 자료(그림책, 동화, 시, 소설, 에세이, 자기계발서, 시청각 자료, 자서전과 편지나

일기 등의 글쓰기)를 매개로 하여 치료자와 일대일이나 집단으로 토론, 글쓰기, 그림그리기 등 다양한 방법의 구체적 활동과 상호작용을 통해서 참여자 자신의 적응과 성장 및 당면문제를 해결하는 데 도움을 얻을 수 있다. 이때 참여자는 특정한 심각한 문제를 갖고 있는 사람뿐 아니라 발달과정에서 겪을 수 있는 갈등이나 문제를 지닌 일반인도 포함될 수 있다(김현희 외, 2010).

② 독서치료과정

독서치료의 과정은 읽기 전, 읽기, 읽기 후 세 단계로 나누어 살펴볼 수 있다(2004, 김춘경). 읽기 전 단계에서는 책을 선택하고 효과적으로 읽기 위한 준비를 하는데, 무엇보다 도서 선정에 신중을 기해야 한다. 치료자는 아동의 발달 정도나 특성, 상황적 요인, 아동의 요구를 알고 이에 적절한 도서를 선정하여 최대의 치료효과를 얻도록 해야 한다. 두 번째 읽기 단계에서는 문학작품을 통해 동일시의 과정을 경험하게 된다. 이 과정에서 아동은 그런 환경에 처한 것이 자신만이 아니라는 것을 인식하는 보편적인 효과와 인물과 동일시를 통한 카타르시스를 통한 치료효과를 얻게 된다. 마지막 읽기 후 단계에서 치료자는 아동이 최대한 동일시하고 투사할 수 있도록 돕고, 더 나아가 아동이 자신이 가지고 있는 문제를 인식할 수 있도록 돕고, 아동의 노력과 진전을 강화하도록 한다.

독서치료는 한 회기에 끝나는 것이 아니고, 내담자에 따라 독서치료가 진행되는 회기는 다르다. 또 상황에 따라 참여자에 따라 집단으로 이루어지는 경우와 일대일로 이루어지는 경우가 있는데, 발달적 독서치료의 경우 특히 집단으로 하는 것이 집단 역동으로 인하여 매우 효과가 높은 것으로 나타났다. 발달적 독서치료란 발달해가는 과정 중에 갈등을 겪거나 문제에 부딪친 사람을 대상으로 하는 것으로, 유아부터 노인에 이르기까지 누구나 발달과업상 겪을 수 있는 갈등을 더 쉽게 해결할 수 있도록 도와주는 것을 말한다. 이러한 치료의 한 예로 형제간의 갈등을 들 수 있는데, 이에 대한 치료적 개입은 다음 항목에서 설명하고자 한다.

③ 형제간 갈등을 해결하기 위한 독서치료

발달적 독서치료의 측면에서 볼 때, 형제간의 갈등은 유아에서부터 초등학교 아동에게 중요한 문제가 된다. 이런 경우 다음의 책들을 읽으며 형제간의 갈등을 나누고 그러한 갈등이 자신에게만 있는 것이 아니라는 사실에 대해 위안을 느끼고 해결책을 찾아가도록 도와줄 수 있다.

유아에서 초등학교 아동을 위한 책들은 다음과 같다.

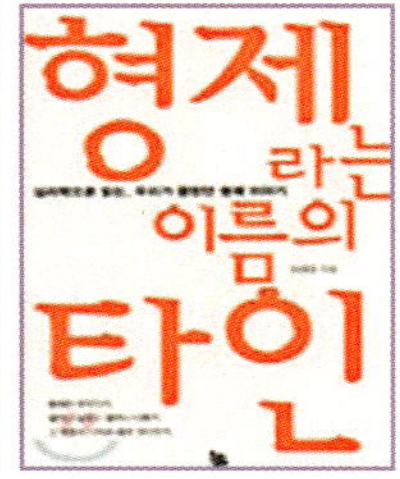

『내 동생』 주동민 시·조은수 그림, 창비.
『내 동생 싸게 팔아요』 임정자 글·김영수 그림, 아이세움.
청소년을 위한 책 | 『내가 사랑한 야곱』 캐서린 패터슨 저,
강승임 역·박지윤 그림, 지경사.
성인을 위한 책 | 『형제라는 이름의 타인』 양혜영 저, 올림.

『터널』 앤서니 브라운 글·그림, 장미란 역, 논장.

　　이외에 형제간 갈등을 해결하기 위해 한 가족의 두 형제들을 대상으로 지속적으로 실시한 프로그램을 소개하고자 한다.

　　④ 한 가족 내에서 형제간의 갈등을 치료하기 위한 프로그램
　　－ 출처: 김현희(2010). 상호작용을 통한 독서치료. 학지사.
　　－ 참여대상: 9세, 10세

표 3 형제 갈등 치료 프로그램

회기	목표	독서치료 자료	활동내용	준비물
1회	• 사전검사 • 대상자의 동의 얻기		• MBTI 실시 • 1주: HTP 검사, 문장완성검사 • 2주: KFD검사	종이, 연필
2회	나를 알려요 '나 보기'	치프와 초코는 사이좋게 지내요	• 나는 이랬어요! – 내가 오빠여서 좋은 점·싫은 점 – 내가 동생이어서 좋은 점·싫은 점 – 너는 동생이라서 좋을 것 같아 – 너는 오빠라서 좋을 것 같아 – 내가 오빠라면 – 내가 동생이라면 • 내가 만일 치프라면	종이, 연필, 필기구
3회		장난감 형	• 열 고개 만들기 – 오빠의 특징, 동생의 특징 • 이름 지어주기	

회차	주제	도서	활동	준비물
4회	• 시세움 • 가족애	동생은 괴로워	• 연극으로 표현하기(투덜거리는 장면) • 빙고 게임(내가 좋아하는 것·네가 좋아하는 것)	• 과제 제시 – 얼굴 표정 스티커로 일주일 동안 상대방에 대한 마음을 표현해본다 • 표정 스티커
5회		동생의 비밀 (동시)	• 내가 만든 이벤트(하나씩 정하기) • 즐거운 비밀 나누기 – 있잖아 사실은…… • 마음 그리기	종이, 연필
6회		오빠의 누명을 벗기고 말 거야	• 서로에게 쪽지 쓰기 • 우리의 닮은 점·다른 점 찾아보기	예쁜 종이
7회		내 동생은 못 말려	• 방법 찾기 – 서로를 싫어하게 하는 방법 아홉 가지 – 서로에게 바라는 것 열세 가지	종이, 연필 우리의 약속

회기	독서치료 자료	글·그림	옮김	출판사항
2회기	치프와 초코는 사이좋게 지내요	도이카야	김정화	한길사(2002. 6. 10)
3회기	장난감 형	윌리엄스타이그	이경임	시공주니어(2002. 2. 25)
4회기	동생은 괴로워	크리스티네 퇴스틀링거	김경연	풀빛(2000. 12)
5회기	동생의 비밀(영·미국 동시집)	윌리엄 블레이크	장경렬	문학과 지성사(2000. 5. 31)
6회기	오빠의 누명을 벗기고 말 거야	크리스티네 퇴스틀링거	김경연	풀빛(2000. 12)
7회기	내 동생은 못 말려	김종렬 글·이상권 그림		아이세움(2002. 2. 15)

2. 형제간 문제해결을 위한 새로운 접근 '짝 치료'

1) 형제간 짝 치료

앞에서 언급한 바와 같이 상담소에 내원하는 부모들은 여러 심리적 어려움이나 적응상의 문제를 호소하는데 여기에 형제관계와 관련된 문제를 누락하는 경우가 많다. 누락된 문제들이 상담 진행 과정에서 중요하게 발견되고 다루어지는 경우 또한 흔하다. 이런 경우 상담소에 내원한 아동의 개별상담(놀이치료, 미술치료 등)을 통해 아동이 가지고 있는 어려움들을 해결해 나가는 과정에서 형제관계 문제들도 다루게 된다. 형제관계에 대한 어려움을 직접적으로 호소하며 상담소에 내원하는 경우에도 관련된 자녀 모두를 데려오기보다는 더 걱정되거나 문제라 생각되는 한 자녀만을 데려오는 경우가 많아 개별적 상담을 통한 치료가 진행되기 쉽다. 물론 개별상담을 통해서도 형제관계와 관련된 문제를 해결해나갈 수 있으나, 형제관계에서 갈등이나 어려움을 겪고 있는 형제를 함께 상담과정에 참여시키는 방법도 매우 효과적이다. 그들의 상호작용에 직접 개입하는 치료방법인 형제간 짝 치료는 형제관계의 어려움을 해결하는 데 여러 가지 이점을 갖고 있다. 형제 간 짝 치료는 2명이 함께 놀이치료를 진행하는 짝 치료의 형태를 형제를 대상으로 적용한 것으로 이 방법에 대한 이해를 돕기 위해 먼저 짝 치료에 대해 살펴보고자 한다.

(1) 짝 치료

① 짝 치료의 정의 및 특성

집단 놀이치료에 대한 관심이 증폭되면서 임상 장면에서 집단 놀이치료가 활발히 이루어지고 있지만 그 집단 내에 끼지 못하는 심각한 부적응 아동을 위해 짝 치료가 제안되었다. 짝 치료는 심각한 정서적·행동적 문제를 갖는 아동을 대상으로 사회기술을 향상시키기 위해 치료자가 두 아동 간의 놀이 상호작용을 발달적으로 이끄는 두 사람 간 놀이치료의 구조화된 형식이다. 짝 치료는 집단 치료와 같은 더 복잡한 사회적 상황에 들어가기 전 둘 간의 관계 안에서 사회적 기술을 연습하는 것이다. 집단과 달리 짝 치료에서, 위축된 아동은 더 말 많은 또래 속에서 자신의 존재가 사라지지 않는다. 반대로, 공격적인 아동은 집단 내에서 종종 문제행동을 표출하는데, 짝 치료를 하는 과정 동안 자신의 행동을 억제하는 방법을 발달시킨다(Ginott, 1994). 짝 치료에서 행동화 문제를 보이는 아동들이 자신의 파트너와 함께 활동에 협력하지 않는다면 자신들의 요구도 받아들여지지 않게 된다. 짝 치료의 중요한 이점은 현재 관계를 진행하면서 사회적 기술을 훈련하고 배우기 위한 기회를 보다 집중적으로 제공한다는 것이다.

짝 치료의 주요 목적은 아동들이 둘 사이의 관계에서 어떻게 하면 더 좋은 친구가 되고, 관계를 형성하고 지속적으로 유지할 수 있는지, 그리고 더 효과적으로 협상을 할 수 있는지를 배울 수 있도록 돕는 것이다. Karcher와 Lewis(2002)는 짝 치료 과정 동안 치료자가 두 가지 면에서 아동들을 도와야 한다고 제시하고 있다. 첫째, 아동들이 친밀하고 자율적인 기능으로 기본적인 관계를 다룰 수 있도록 도와야 한다. 둘째, 아동들이 나이에 적합한 사회적 기술을 사용할 수 있도록 돕는 것이다. 각 아동의 사회적 기술을 촉진시키기 위해 치료자는 둘 간의 관계에서 친밀감과 신뢰감 발달을 책임져야 한다. 또한 둘 간의 갈등을 해결하고 우정을 발달시키는 기술을 향상시키기 위한 기회들을 충분히 제공해야 한다. 이를 위해 치료자는 지시적·비지시적 기법들 모두를 사용한다.

② 짝 치료의 구조 및 활동

짝 치료 시, 2명의 아이들은 같은 성이거나 인지적·발달적 성숙의 수준이 유사해야 하며, 연령대가 비슷해야 하는데 보통 8세에서 14세이다. 또한 행동양식이 상반되어야 한다. 예를 들어, 한 명이 수줍고 위축된 아동이라면, 다른 한 명은 공격적이거나 행동문제가 있는 아동이어야 한다. 이는 치료자가 각 아동들의 능력(자제하거나 주장하는)을 칭찬하고 다른 아동의 협상방법에 대해 긍정적인 면을 훈련시킴으로써 아동들을 격려하도록 돕기 위함이다(김준희·김광웅, 2006).

짝 구성원들은 일주일에 1번 50분 만나서, 이들의 대인관계 능력과 조망수용 능력에 대한 훈련을 받음으로써 사회적 기술을 향상시키는 것에 초점을 둔다. 놀이 세션은 시작, 중반, 후반 3부분으로 나뉘는데, 치료자는 각 세션을 구조화하고 이 세 부분에서 아동이 세션에 적응하도록 도와야 한다. 각 세션이 시작될 때 치료자는 아동들이 이전의 만남에서 성공적이거나 실패한 상호작용에 대해 생각할 수 있도록 구조화된 기회를 제공한다. 이는 아동들이 더 효과적으로 활동을 할 수 있도록 돕기 위한 준비이며, 이번 세션에서 아동들이 무엇을 할지 계획할 때 그들의 친밀감을 촉진시킬 게임이나 활동을 선택하도록 돕기 위한 것이다. 세션 중반에는 둘 사이의 갈등과 문제 상황을 성공적으로 협상할 수 있도록 돕고, 둘의 협상을 칭찬하고 개별적인 능력들을 격려한다. 세션 후반에는 활동시간 동안 있었던 아동들의 갈등에 대한 반성을 촉진시키고, 갈등해결에 대한 효과를 평가하는 것을 돕는다. 또한 앞으로 유사한 갈등들을 어떻게 조정하고 참여할지 의논토록 한다(Karcher, Lewis, 2002). 이렇듯 짝 치료 세션에는 몇 가지 사회적 협상을 위한 구조화된 기회들이 포함되는데, 이러한 협상은 다음의 지침을 따른다. 첫째, 2명의 짝은 회기 동안 어떤 놀이를 할 것인지를 함께 동의하고 결정한다. 둘째, 2명의 짝이 무엇을 선택하든지, 그들은 선택한 것을 함께해야 한다. 셋째, 짝에게 해를 주어서는 안 되며 치료자와 방에 있는 놀잇감도 이 규칙이 적용된다.

짝 치료 활동에는 아동들이 일상적으로 사용하는 게임이나 활동들의 사용이 제안되므로 치료자는 일반적인 게임들을 미리 결정하고 발달적 활동들을 제공해야 한다. 짝 치료에 추천되는 활동에는 표현적인 활동들(그림 그리기, 퍼펫), 신체적 게임들(농구, 트위스터), 규칙 게임들(카드놀이, UNO, Sorry, Jenger, 사목놀이), 치료적 게임들(언게임, 라이프스토리), 사회기술을 돕는 게임들(Friendship Island, Mountaineering)이 포함된다.

(2) 형제간 짝 치료

형제간 짝 치료는 2명이 하는 놀이치료의 구조화된 형태인 짝 치료를 자연적으로 이미 형성된 관계인 형제를 대상으로 적용하여 진행하는 것이다. 형제간 짝 치료는 개별 치료와 집단 치료의 장점을 적절히 활용한 짝 치료의 이점뿐 아니라 형제와의 친숙함에서 오는 안정감으로 인해 형제가 아닌 사람들과 함께 치료를 진행하거나 혼자 치료를 진행할 때보다 덜 방어적이고 진전이 빨라질 수 있다는 이점을 가지고 있다. 또한 형제간 짝 치료의 경우, 치료 상황을 함께하는 상대가 형제이므로 치료적 상황이 자연스럽게 일상생활 장면으로 연결되어지는 이점이 있다.

형제간 짝 치료는 기존의 짝 치료와 마찬가지로 형제관계(짝 치료의 경우, 또래관계)를 유지하고 관리할 필요가 있는 아동들에게 그 기술들을 발달시킬 수 있도록 돕는 데 초점을 둔다. 따라서 치료자는 아동의 과거 어려움에 초점을 두기보다는, 현재 여기에서(here and now) 그들의 상호작용에 대한 반성을 돕고, 그들의 행동이 타인에게 어떤 영향을 미쳤는지 이해를 돕는 것에 집중하여 형제관계 개입에 초점을 둔다. 또한 치료자는 아동들의 적절한 상호작용을 지지하고, 갈등이 있을 때 형제간의 협동적인 상호작용을 촉진시키고, 형제가 서로 긍정적인 존중 자세를 유지시킬 수 있도록 돕는다.

이렇듯 치료자가 형제간의 관계를 형성하고 유지하도록 도움을 줌으로써 아동들은 형제간 짝 치료에서 타인의 관점을 수용하게 되고, 더 성숙한 사회적 기술을 사용하게 된다.

Lind와 Landreth(2001)는 가정폭력 목격자를 대상으로 한 아동의 집단 놀이치료 연구에서 형제 짝 놀이치료와 개인 놀이치료를 비교함으로써 형제 짝 치료의 여러 이점을 밝혔다. 이 연구에서 형제들은 주로 반대되는 행동 양식을 갖고 있었는데, 주로 첫째들은 고립되거나 회피적인 행동을 보였고, 동생들은 충동적이고 공격적인 성향의 아이들이었다.

형제 짝 놀이치료에 참여한 아동들을 개인 놀이치료에 참여했던 아이와 비교해봤을 때, 후자의 아동들은 스스로 치료자와의 긍정적인 관계에 집중했는데, 전자의 아동들은 형제간 짝 놀이치료를 통해서 둘 간의 갈등을 해결하고 서로에 대한 이해를 향상시킴으로써 새로운 가정을 경험했다. 이러한 경험은 가정환경 내에서 느꼈던 고립감과 외로움 등을 감소시켰고 형제에게 잠재되어 있는 해로운 상호 영향력을 치료하는 데 유용하다. 이렇듯 형제와 짝을 이룬 치료에서는 대인 간 역동성을 경험할 수 있으며, 조망수용 능력을 향상시키는 데 도움을 주었고, 보다 생산적인 상호작용의 방법에 대해 훈련할 수 있는 기회를 갖게 되었다.

형제간 짝 치료는 발달적으로 적합한 환경 내에서 자신들의 관계만을 탐색할 기회를 제공하고, 서로를 향한 긍정적이고 부정적인 감정을 명확하게 표현할 수 있는 기회를 제공함으로써 다른 관계에 전이될 수 있는 대인관계를 향상시킬 수 있다.

초등학교 1학년인 인석이는 학교 가는 것을 힘들어하고 작은 일에도 지나치게 걱정을 많이 한다. 저녁만 되면 다음 날 학교에서 생길지도 모를 일들(선생님이 자신이 모르는 것을 물어볼까, 준비물 잊어버릴까, 소풍가서 길 잃어버릴까 등)에 대해 걱정을 사서하며 학교 가는 것을 두려워한다. 친구들과도 어울리지 않고 혼자 놀 때가 많고, 집에서도 동생 인우(남, 6세)가 형과 같이 놀고 싶어 다가와도 인석이는 인우를 귀찮아하며 혼자 놀려고 한다. 하지만 인우가 친구들을 집으로 데려와 놀고 있으면 부러운 듯 쳐다보기도 하고 괜히 심술을 부리기도 한다. 인석이 엄마는 인석이가 정말 혼자 노는 것을 좋아하는 것인지, 같이 놀고 싶은데 어울리지를 못하는 것인지 헷갈린다고 한다. 종종 엄마가 인석이와 인우가 같이 놀도록 게임 같은 것을 하자 하면 인석이는 처음엔 싫다며 미적거리다가도 막상 시작하면 누구보다 재미있어 하지만 곧 다툼이 일어나 놀이가 중단된다고 한다. 인석이 엄마가 보기엔 인석이가 꼭 무언가 자기 마음대로 안 되거나 질 것 같거나 하면 동생에게 트집을 잡거나 삐쳐서 게임을 중단하게 된다고 한다. 엄마는 아이들이 클수록 인우도 형에게 지지 않고 대항하는 일이 많아지면서 둘의 다툼이 점점 많아지고 강도도 심해지고 있어 걱정이다.

인석이 엄마는 인석이를 임신한 사실을 모르고 감기약과 소화제를 복용했고, 이것 때문에 임신 내내 불안했다고 한다. 아이가 정상적으로 태어나서 안심했으나 너무 까다롭고 보채는 것도 심하고, 먹는 것, 자는 것 등 키우면서 어느 것 하나 수월한 것이 없었다고 한다. 게다가 언어발달이 늦고 발음도 부정확하여 의사소통이 잘 안 되다 보니 아이가 짜증이 많았고, 엄마는 발달장애가 아닌가 걱정을 했다고 한다. 5세에 어린이집을 보냈는데, 친구들과 잘 어울리지 못하고 적응하는 데 어려움이 많았다고 한다. 언어발달이 늦어서 그런가 싶어 혹시나 하는 마음에 언어검사를 받았으나 큰 문제가 있지는 않았다고 한다. 인석이 두 살쯤에 동생이 태어났는데, 인석이는 한동안 동생에게 해코지를 많이 했다고 한다. 인석이에 비해 인우는 순하여 힘들게 하는 것이 없었고, 말도 잘하고, 사회성도 좋아 친구들 사이에서 인기도 많다고 한다. 이렇다 보니 자연스레 인석이와 인우가 비교되는 일이 많았고, 엄마는 이 일로 인석이가 상처 받지 않을까 걱정은 되나 엄마도 인우가 더 예쁘고 편하다고 한다.

인석이는 8개월간의 개별 치료 이후에 형제관계를 향상시키고, 형제뿐 아니라 또래와의 관계형성을 위한 사회적 기술을 배우기 위해 동생 인우와의 형제간 짝 치료를 진행하였다. 초기에 인석이는 동생과 함께하기를 피하며 치료자와만 게임을 진행하려는 모습이 많은 반면, 동생 인우는 처음부터 형과 함께하려는 모습이 많았다. 인우는 '형, ~하자' 혹은 '형, 나도……' 혹은 '같이하자, 형'이라며 적극적으로 자신이 형과 같이하기를 원한다는 것을 표현하였으나, 인석이는 인우의 요구에 정확히 답변하지 않고 '선생님, 이거 해요' 혹은 '이거 안 할래'(인석이가 꺼낸 것에 인우가 관심을 보이며 다가와 같이할 것을 요구할 때)라며 인우와 같이하는 것을 피하였다. 어렵게 같이 놀이를 시작하게 되면, 인석이는 자기 마음대로 하려 하거나(예를 들어, 게임에서 진행순서나 말 선택에서 자기가 먼저 하거나 전쟁놀이 소품도 인우 것까지 자기가 골라주는 등) 불리한 상황에서 엉뚱한 이유를 대며 활동을 중단하거나 동생 인우에게 괜한 트집을 잡는 모습(예를 들어, 게임에서 자신이 질 것 같은 상황이 되면 '재미없다'거나 '너 때문에 ~됐잖아'라는 등)을 보였다. 인석이의 이런 행동에 대해 인우는 처음에는 그냥 형의 말을 따르다가 인석이의 행동이 계속되자 형의 행동에 대한 불만을 표현하고 자기가 원하는 것을 고집하였다. 인석이는 인우의 이런 행동에 대해 적극적으로 대응하거나 해결하기보다 화를 내며 놀이를 중단하였다. 치료자는 인석이와 인우 각각의 입장에서 느끼는 감정 등을 반영해줌으로써 아이들이 자신의 입장이나 생각, 감정을 표현하는 방법을 배우고 상대방의 입장을 이해할 수 있도록 도왔다. 인석이와 인우 형제가 갈등상황을 해결하고 긍정적 상호작용을 증진할 수 있도록 예를 들어, 치료자는 함께 놀이할 때 필요한 규칙이나 약속을 만들고 지키도록 지지하고, 입장이 다를 때 조정하고 타협하는 것을 도왔다. 또한 치료자는 아이들이 협동 게임을 통해 형제와 힘을 합하여 같은 목표를 향해 나아가는 기회를 제공하여 그 속에서 아이들이 형제와 함께하는 즐거움을 느끼며, 협동을 통해 얻을 수 있는 이점들을 경험해보도록 하였다.

이러한 과정을 통해 인석이는 동생과의 놀이에서 적극적으로 자기표현을 하면서 동생 인우의 의견을 수용해주는 모습을 나타내었고, 엄마의 보고에 따르면 집에서도 인석이와 인우가 함께 놀이하는 시간이 증가하였고 엄마의 개입 없이도 갈등상황을 해결하며 상호작용을 지속하였다고 한다.

2) 둘이 함께하는 미술치료

2명이 함께 놀이치료를 진행하는 짝 치료처럼 미술치료에서도 두 명이 함께 진행하는 방식이 사용되고 있으며, 이러한 접근은 두 사람의 관계에 초점을 두는 방법으로 형제관계의 어려움을 해결하는 데 매우 유용한 방법이라 생각된다.

(1) 둘이 함께하는 미술치료란?

둘이서 함께하는 미술치료는 치료사와 내담자, 또는 가족관계(부부관계, 형제관계, 부모-자녀관계) 그리고 직장 대인관계나 또래관계, 이성관계에 초점을 두는 미술치료 방법이다. 원활하고 안정된 치료과정을 유도하기 위해 치료사가 프로그램 초반에 대상과 라포 형성을 할 수 있도록 내담자와 함께 작업을 하기도 한다. 그리고 내담자가 그림 그리기나 혼자서 해야 하는 작업에 대한 부담감으로 표현에 어려움을 느끼거나 망설일 때 치료자가 함께 진행을 도와줌으로써 내담자가 원활하게 작업을 할 수 있게 돕는 역할을 하기도 한다. 부부나 형제, 부모-자녀가 함께하는 작업인 경우 작업과정을 통해 자신과 상대방의 내면을 느끼고 자연스럽게 상대를 이해하는 계기를 마련해주며 서로에 대한 오해의 골과 부정적인 응어리를 풀어갈 수 있는 기회를 제공한다.

(2) 치료시간 및 구성

둘이 함께하는 미술치료 또한 집단과 마찬가지로 주 1~2회, 회당 40~60분 정도로 실시한다. 단, 내담자들의 협응력이나 집중도에 따라 시간을 조절할 수 있다. 둘이 함께하는 미술치료는 치료사가 매체와 진행방법 등을 간단히 설명하고 내담자 둘이 주체가 되어 작업을 하는 경우가 대부분이다. 그러한 과정 속에서 치료사는 내담자 둘의 관계를 관찰하고 알아볼 수가 있는데 언어적 과정을 제외하고 그림이나 작업으로만 이루어지는 '무언의 이어 그리기'가 그 예라 할 수 있다. 누가 먼저 작업을 시작하는지, 어떻게 표현하는지, 또 작업과정에서 상대에게 어떤 행동을 하는지 등 표출되는 여러 부분으로부터 치료사는 두 대상의 관계를 알아볼 수 있다. 이외에도 이인관계를 관찰할 수 있는 프로그램은 칵테일파티, 콜라주 공동작업, 무언의 카툰 그리기 등이 유용하다. 작업을 마친 후에는 서로의 작품을 살펴보면서 서로에 대한 통찰의 기회를 자연스럽게 가지게 된다. 내담자의 작품에 대한 설명과 다음의 질문들을 통해 미술치료를 진행하게 된다.

"당신은 상대의 그림을 보고 어떤 느낌이 드나요? 서로 상대방의 작품에서 어떤 걸 느끼는지 말씀해주시겠어요?"

"당신이 평소에 생각했던 상대의 모습과 오늘 상대의 작업을 비교해보면 비슷한가요? 다르다면 어떤 새로운 면을 느끼나요?"

"서로 같이한 작업과정 속에서 상대에게 물어보고 싶거나 느꼈던 부분을 서로에게 전달하는 시간을 가져보도록 하죠."

대부분의 사람들은 상대방에게 느낀 점이나 말하고 싶은 것이 있어도 허심탄회하게 말하지 못하는 경우가 많다. 대화나 상담 시 꺼려하거나 숨기는 심리적인 부분들을 미술치료의 중간 매개체인 미술작업과 작품을 통해 작업과정 중 서로에게 느꼈던 미묘한 심리적인 부분들을 간접적으로 이야기하는 것은 자연스럽고 안전한 심리표현의 노출방법이어서 내담자들이 편안하게 느끼고 쉽게 내면을 표출하는 큰 이점을 지닌다. 이러한 자연스러운 간접적인 대화는 상대방에 대해 평소와 달리 또 다른 시각에서 폭넓게 생각할 수 있는 계기를 마련해주기도 한다(이준영, 2010).

둘이 함께하는 미술치료 프로그램 기법

- 무언의 카툰 그리기

치료자와 내담자가 한 가지 색을 선택하여 말없이 그림만으로 대화를 주고받는 방법이다. 대상과의 친밀감 형성과 상대방의 감정을 이해하는 데 도움이 된다.

- 칵테일파티

둘 이상의 집단에서 점토를 이용해 각자 만들고 싶은 것을 만들어서 전지 위에 자유로이 구성한 다음 말없이 조형물을 움직여가며 상대방의 조형물을 언어적 표현을 제외한 몸짓이나 눈짓으로 의사소통을 하는 작업으로 보이지 않는 상대방과 자신의 감정을 서로 느껴보고 이해하는 계기를 가진다.

- 상호의존 역할 놀이법

두 명이 짝을 이루어 서로 역할을 바꾸어 그리도록 하는 작업이다. 그림을 그리면서 타인의 역할을 함으로써 역할 놀이의 효과를 얻는다. 그 후에 경험했던 감정을 서로 이야기하고 교환한다. 부부치료나 가족치료 또는 이성관계치료에 효과적이다. 내가 나에게 바라는 것, 남이 나에게 바라는 것, 현실 속의 나를 인식하고 재점검하게 해주며 상대에 대하여 생각하는 기회를 제공해준다.

- 돌려 그리기

내가 그린 그림 위에 다른 사람의 그림이 덧붙여 그려지도록 돌려 그리는 작업이다. 프로그램 초기에 대상끼리의 관계에 대해 알아보는 자료로 효과적이고 상호 이해와 사회성에 도움을 준다.

3. 집단 활동을 통한 형제관계 문제 치료 전략

1) 집단 놀이치료

최근 급변하는 사회에 적응하기 위해 가족문제를 넘어 사회적 문제에 부딪치는 아동들에게 치료적 환경에서부터 더욱 현실적인 사회적 환경을 경험시키는 것이 필요하다. 즉, 대인 간 이해 능력이나 조망수용 능력이 부족한 아동에게 새로운 사회적 역동을 경험시키고 긍정적인 사회적 상호작용을 통해 그들의 사회적 기술을 발달시켜야 할 필요성이 대두되고 있다. 이러한 문제를 해결하기 위해 최근에 집단 놀이치료가 대안으로 부각되면서 임상현장에서 활발히 진행되고 있다.

(1) 집단 놀이치료

① 집단 놀이치료의 정의 및 특성

집단 놀이치료는 놀이치료의 성과 및 이점과 집단과정의 장점을 결합한 개입방법이다. 아동은 놀이라는 안전하고 자연스러운 표현매체를 통해 성장을 증진시키는 놀이치료 회기 안에서, 집단 경험을 함으로써 다른 아동들과 상호작용하는 자연스러운 집단 경험을 함으로써 자신, 타인, 그리고 삶에 대해 배운다. 아동이 대인관계의 어려움과 개인 내적 어려움을 경험하고 있을 때 집단 놀이치료는 역동적 개입이 될 수 있다. 자신과 타인에 대해 알게 되는 것 외에도, 아동은 집단과정의 상호 호혜적 격려로부터 도움을 받는다. 즉, 아이들은 집단상담 관계에서 또래 역시 문제를 갖고 있다는 것을 발견함으로써 치료적 이완을 경험하게 된다.

시행착오의 과정을 통해 사람들과 더 효과적인 방식으로 '실제생활'에서 소속감을 발달시키고 새로운 대인관계 기술을 발달시켜 나간다. 집단에서 아동은 대리학습의 기회뿐 아니라 또래로부터의 즉각적인 반응을 얻는 기회를 갖는다.

즉 대인 간 기술을 발전시키고, 새로운 행동을 숙달하며, 도움을 주고받으며 정서 및 행동의 대안적 표현을 실천하는 기회를 제공한다. 또한 타인에 대해 민감하게 되고 누군가에게 도움이 됨으로써 자기 개념을 향상시킬수 있다(Sweeney & Homeyer, 1999). 이러한 치료적 요소가 아동의 현재 문제와 결합되면서 집단 치료에 대한 관심이 증폭되고 있다.

② 집단 놀이치료의 구성

놀이치료 집단의 성공은 집단구성원의 선정 그리고 집단의 크기와 밀접히 관련된다. 집단 구성원 선정 시, 개별놀이 회기를 통해 아동이 집단에 포함되는 것이 적합한지 또는 부적합한지를 파악할 수 있다. 일반적으로 심각한 경쟁관계 문제를 드러내는 형제, 심각하게 공격적인 아동, 성적으로 부적합한 행동을 표출하는 아동, 사회병리적인 아동, 심하게 취약한 자기상을 가진 아동 등은 집단 참여가 어려울 수 있다. 집단의 크기 또한 집단 치료 진행 시 고려되어야 한다. 일반적으로 아동의 연령이 어릴수록 크기가 작아지는데, 집단이론과 집단 구성원에 따라 달라진다. 집단구성 시 집단의 균형을 유지하는 것이 도움이 되기도 한다. 예를 들어, 한쪽 성이 다수가 되지 않도록 하는 것 등. 형제집단 놀이치료에서는 다를 수 있지만, 집단 놀이치료에서 아동의 연령범위는 통상적으로 12개월 이상 차이나지 않아야 하며, 성별의 측면에서는 통상적으로 아동들이 중·고등학교 연령이 될 때까지는 성별에 의해 분리될 필요는 없다.

일반적으로 집단 놀이치료 회기의 소요시간은 아동 구성원의 연령을 고려해야 한다. 일반적으로 아동이 어릴수록 회기의 소요시간이 보다 짧아진다. 학령 전기 아동과 초등학교 저학년 아동을 대상으로 한 놀이치료 집단은 20~40분 정도 이루어질 수 있으며, 중학교나 고등학교 연령의 아동을 대상으로 한 집단은 한 시간을 약간 넘길 수도 있다. 집단의 기간 또한 달라질 수 있는데, 아동에게 효과적인 집단상담을 위해서는 최소한 10회기 정도가 필요하다.

③ 치료과정

집단 놀이치료를 진행했던 예를 보면(Bloomberg, 1948), 놀이 초기에 아동들은 양육적이고도 공격적인 양가감정을 반영하는 주제를 표현하였는데, 한 아동은 아기 인형을 죽이고 나서 그 시간이 끝나기 직전에 소생시켰다. 종결이 다가올수록 놀이는 좀 더 양육적이고 긍정적인 주제로 변화되었다. 놀이주제와 함께 치료과정에서 간과할 수 없는 또 다른 점은 아동과 놀이치료사 간의 상호작용이었다.

첫 번째 단계에서 아동들은 단결하여 놀이치료사에게 대항하는 현상을 보였는데, 이는 실제로 아동이 어머니에 대한 감정을 치료자에게 반영하는 것이다. 이후 모든 아동들이 놀이치료사에게 긍정적인 감정을 표현할 수 있었다.

또한 집단 놀이치료 과정에서 놀이치료사는 가상의 엄마 역할을 하고, 집단구성원들은 가상의 형제 역할을 하게 된다. 이러한 접근은 '나는 네가 무엇 때문에 싸움을 하는지, 그 이유를 알고 있는지 궁금해. 너는 내가 동시에 한 사람 이상을 사랑할 수 없다고 생각하기 때문에 싸우는 거니?'와 같이 관계 간의 상호작용을 반영한다. 이러한 가상가족의 설정 속에서 아동이 자신을 수용해주는 성인과의 관계를 통해 다양한 정서를 다루는 경험을 함으로써 집단 놀이치료에 참여한 아동들에게 긍정적이고 치료적인 결과를 가져올 수 있다.

(2) 형제집단 놀이치료

형제집단 놀이치료는 집단 치료에 형제를 함께 참여시키는 것이다. 형제는 자연적으로 형성된 2명 이상의 집단이므로, 형제를 집단 놀이치료의 대상으로 하면 아동에게 자연적이고 친숙하며 비위협적인 환경 안에서 앞에서 언급한 집단 치료의 이점들을 경험할 수 있다. 집단 놀이치료에서 형제를 함께 참여 시키는 것은 보통 1년 이상의 연령차는 허용하지 않고 중학교 이상의 집단은 성별을 일치시키는 집단 놀이치료의 일반적인 구성원칙에는 위배되나, 형제는 이미 형성된 관계이기 때문에 다양한 연령차와 성별의 혼합을 허용한다.

비록 여러 명의 형제들이 있을 수 있으나, 치료집단이 3명 이하, 가능하면 2명이 바람직하다. 구성원 수는 치료자가 가능한 일어나는 모든 것을 수용하면서 관심을 가질 수 있는 정도여야 한다. 치료의 효율성을 높이기 위해 4명 또는 그 이상의 형제가 함께하는 경우 공동치료자들을 필요로 한다. 만약 형제들을 선택해야 한다면, 기본적인 고려사항은 형제가 서로에게 치료적 영향을 끼칠 수 있는 집단이어야 한다(Ginott, 1982)는 것이다.

형제집단 놀이치료는 형제 사이에 문제가 있을 경우(Lewis, K., 1988), 또는 부모의 양육이 불가능하거나 부적절할 경우(Rosenberg, 1980) 유용하고, 이혼, 가족구성원의 죽음 또는 학대와 같이 오해와 잘못된 개념을 가진 가족문제(Hughes, H., 1982; Schibuk, 1989)를 가진 아동에게 필요하다. 장애를 겪고 있는 만성적인 질병이 있거나 심리적 외상을 경험한 형제가 있는 환경에서 사회적, 정서적으로 영향을 받는 형제들도 형제집단 놀이치료를 받을 수 있다.

4. 형제를 둔 부모와의 작업

아동의 심리적 어려움이나 문제를 해결하는 데 있어서 아동뿐만 아니라 아동을 양육하는 부모가 치료대상에 포함되어야 한다. 아동은 홀로 생활하고 성장하는 것이 아니고 일정한 연령에 이르기까지는 누군가에 의해 보살핌을 받게 되고, 주된 양육자의 영향을 받으며 살아가게 된다. 아동이 부모와 살고 있다면 아동에게 가장 큰 영향을 미치는 것은 부모가 된다. 부모의 영향은 아동의 삶에 있어 중요한 자리를 차지하고 있기 때문에 아동문제에 대한 치료적 접근에서 부모상담 및 교육은 중요하게 고려되어야 할 부분이다.

더욱이 한 부모의 품에서 자라는 두 명(혹은 그 이상)의 자녀가 관련된 형제관계의 문제라면 부모의 영향이나 역할, 참여는 매우 중요할 것이다. 실제로 부모의 특성이나 태도, 부모의 개입, 부모와의 상호작용과 같은 부모

요인은 형제관계에 영향을 미치는 중요한 요인의 하나이다.

또한 아동은 자신과 부모가 갖는 직접적인 경험이나 상호작용뿐만 아니라 다른 형제와 부모의 상호작용을 지켜보는 간접적인 경험에서도 영향을 받는다. 따라서 아동들이 형제관계에 어려움이나 문제를 보일 경우, 아동뿐만 아니라 부모를 대상으로 한 부모 상담 및 교육의 치료적 접근이 필요하다. 여기서는 부모를 대상으로 한 치료적 개입으로써 부모 개별상담, 부모-자녀 놀이치료, 부모교육프로그램에 대해서 살펴보고자 한다.

1) 개별 부모상담 및 교육

부모상담 및 교육은 상담과정에서 치료효과를 높이기 위한 필수적인 과정으로, 부모에게 아동의 현재 상태, 상담과정에 대한 이해, 양육방법과 역할에 대한 상담과 교육을 진행하는 시간이다. 더 나아가 부모상담에서는 부모가 자신에 대해 이해할 수 있도록 도와야 한다. 부모가 자신의 심리상태를 알고 자신을 바라볼 수 있게 되면 자신의 감정을 조절할 수 있는 힘도 생기고 안정되어 자녀에게 편안하고 안정된 울타리가 되어줄 수 있다.

이를 위해서 무엇보다 상담자는 부모의 대인관계 패턴과 부모의 어릴 적 경험과의 관계를 살펴봄으로써 자신을 이해하고 어려움을 해결할 수 있도록 돕는다. 예를 들어, 자녀의 문제행동이나 자녀에게 보이는 양육태도에 영향을 미치는 부모의 건강하지 않은 원가족과의 관계, 그 관계 속에서 해결되지 못한 욕구나 갈등이 무엇인지 살피고 이를 해결해 나가도록 돕는 것이 필요하다.

부모가 자신을 이해하도록 돕기 위한 부모의 어린 시절 탐색과정에서 주로 부모와의 관계나 자기 부모가 자신들을 양육했던 방식을 확인하는 것이 주를 이루고 있으나, 현재의 인간관계나 심리적 특성에 영향을 미치는 어린 시절의 경험은 부모-자녀 관계뿐만 아니라 부모의 결혼생활, 형제관계, 가족구도, 가족의 분위기, 또래관계 등이 포함된다(Adler, 1987; Saul, 1998).

또한 Adler 개인심리학에 따르면, 아동기에 타인과 관계하는 독특한 스타일을 배워서 익히게 되며, 그들은 성인이 되었을 때도 그 상호작용 양식을 답습하는데, 여기서 출생순위와 가족 내 위치에 대한 해석은 어른이 되었을 때 세상과 상호작용하는 방식에 큰 영향을 미친다고 한다. 따라서 개인심리학에서는 자녀의 수가 몇 명인가, 출생순위가 맏이인지 중간인지 혹은 막내인지, 독자인지, 첫째 아이가 남자인지 혹은 여자인지에 등에 따라 부모가 자녀에게 대하는 심리적 태도가 다를 수 있다고 보고 있다. 따라서 부모의 현재 대인관계 패턴, 심리적 특성을 이해함에 있어 부모의 어린 시절 경험들을 탐색해보는 것이 필요하며, 이러한 탐색에 있어서 부모의 어린 시절 원가족 내의 관계, 부모-자녀관계뿐 아니라 형제관계 또한 잘 살펴봐야 할 것이다.

특히, 부모가 2명 이상의 형제자매를 양육하는 과정에서 어려움을 경험하고 있다면 부모는 원가족 안에서의 형제관계를 탐색하고, 그러한 어린 시절 형제관계 경험이 현재 각 자녀들을 바라보고 대하는 부모 자신의 태도에 영향을 미치지는 않는지, 자녀 간의 갈등이나 다툼에 대한 부모의 감정이나 대처에 영향을 미치지는 않는지 등을 탐색해야 한다. 예를 들어, 맏이로서의 의무와 책임감에 지쳐 의존적 성향의 자녀에게 지나치게 화내고 야단치게 되는 어머니, 자기주장이 강하고 능력 있는 언니들에게 치이며 받은 상처로 인해 딸아이의 자기표현과 주장을 수용하지 못하고 딸과 대립하는 어머니 등.

초등학교 5학년인 민영이는 고집이 세고 자기주장도 강하여 종종 친구들과 부딪친다. 집에서도 두 살 위인 오빠에게 지지 않고 고집을 부리다가 오빠에게 맞기도 하고, 엄마에게도 대들고 말대꾸하는 일이 많다고 한다. 민영이 엄마는 민영이와 함께 있다 보면 꼭 싸우게 되어 아이와 함께 있는 것이 두렵다고 한다. 민영이는 엄마가 오빠 말만 듣고 자기 말은 듣지도 않고, 오빠가 엄마 말에 반대하며 따르지 않을 때는 가만히 있으면서 자신이 조금만 반대하거나 반발하면 화내고 야단치고, 심지어 오빠가 자신을 때릴 때조차 자신을 보호해주지 않는다며 엄마를 원망한다고 한다. 하지만 민영이 엄마는 민영이가 엄마 말을 듣지 않고 고집을 부리거나 말대꾸하고 대들다 보니 너무 화가 난다고 한다. 오빠가 민영이를 때리는 것은 잘못된 행동이지만, 민영이가 오빠 말을 잘 듣고 따르면 그런 일이 없을 거라고 한다.
부모상담에서 민영이와 엄마 그리고 오빠가 부딪치는 상황과 의사소통 방식을 자세히 탐색해봄으로써, 민영이 엄마는 자신이 민영이와 오빠를 대하는 태도가 다르다는 것을 인식하게 되었다. 비슷한 상황에서 아이들이 엄마의 의견에 반대하며 말을 듣지 않는 경우, 민영이 오빠에 대해서는 별로 화가 나지 않는데, 민영이에게는 너무 화가 나고 야단을 쳐서라도 엄마 말을 따르게 만들고 싶다고 한다. 상담자는 비슷한 상황에서 왜 민영이의 경우에만 엄마가 화가 나는지, 그런 상황에서 어떤 생각을 하게 되는지, 연상되는 장면이 있는지 등을 탐색해보도록 하였다. 이러한 과정에서 민영이 엄마는 자신의 어린 시절의 경험과 상처가 민영이를 대하는 자신의 태도에 영향을 미치고 있음을 통찰할 수 있었다.
민영이 엄마는 딸 넷 중에서 셋째 딸로 태어났는데, 네 딸 중에서 몸도 제일 약하고 공부도 제일 못했었다고 한다. 특히, 민영이 엄마의 두 언니는 공부도 잘하고 똑똑하고 말도 잘해서 민영이 엄마는 늘 언니들에게 치였다고 한다. 어릴 때 언니들은 민영이 엄마가 무슨 말을 하면 말도 안 된다며 핀잔을 주거나 잘못된 표현은 꼭 지적하며 고쳐주려 했다고 한다. 그러다 보니 민영이 엄마는 언니들 앞에서 뭔가를 말하거나 주장하는 것이 어려웠다고 한다. 민영이 엄마는 평소에도 자신은 말을 잘 못한다 생각해왔고 여러 사람들 앞에서 자신의 생각이나 입장을 말하는 것이 긴장되고 두려웠다고 한다. 그런데 민영이가 자기 말을 듣지 않으면 자신이 말을 잘 못한다고 아이까지 자신을 무시하나 싶은 마음에 너무 화가 나고 어릴적 언니들에게 당한 일들이 생각나 힘들다고 한다. 민영이 엄마는 자신의 과거 경험이 현재 자신의 행동이나 태도, 관계에 영향을 미치고 있음을 인식하고 자신의 문제를 해결하고자 하였다. 이를 위해 민영이 엄마는 여러 상황에서 자신이 느끼는 감정을 탐색해봄으로써 민영이에 대한 감정과 언니들에 대한 감정을 분리하려는 노력을 하였고, 언니들과 과거 상처를 이야기 나누는 기회를 만들고, 타인과의 관계에서 자기주장을 해보는 시도들을 지속적으로 해나갔다.

2) 부모-형제 놀이치료

형제관계에 영향을 미치는 여러 요인들 중, 부모-자녀관계는 형제관계의 질을 결정짓는 중요한 요인 중 하나이다. 애착이론(Sroufe & Fleeson, 1986; MacDonald, Beitel & Bhavnagri, 1988)에 따르면 긍정적인 부모-자녀관계는 형제간의 친밀하고 긍정적인 발달에 영향을 미친다고 한다.

즉, 애착이론가들은 아동은 부모나 부모 외의 첫 양육자와의 상호작용으로부터 다른 사람과 관계를 맺고 지속하는데 응용할 수 있는 관계성에 대한 내적 표상과 기대감을 발달시킨다고 하였다.

또한 사회학습 이론가들도 부모-자녀 상호작용을 통해 습득되는 행동 패턴이 형제와 또래의 상호작용에 일반화된다고 하였다. 부모-자녀관계나 부모의 행동이 형제간 상호작용의 형태와 특성에 많은 연관이 있음을 보고한 연구들을 살펴보면, 긍정적인 부모-자녀관계는 형제관계에서 온정적이고 친밀한 친사회적인 행동과 연관된다고 하고, 반대로 부정적인 부모-자녀관계는 형제관계에 있어서 갈등과 경쟁적이고 공격적인 행동과 연관된다고 하였다(김은아, 1997; Stocker, Dunn & Plomin, 1989).

따라서 아동들이 형제관계에 어려움이나 문제를 보일 경우, 형제관계에 대한 직접적인 치료접근 외에 형제관계에 영향을 미치는 요인인 부모-자녀관계를 향상시키는 부모-자녀 놀이치료를 통한 치료적 접근도 효과적일 것으로 생각된다.

또한 주로 부모와 한 자녀를 대상으로 한 부모-자녀 놀이치료를 형제 모두를 포함시키는 부모-형제 놀이치료로 적용해봄으로써 부모가 형제관계에 직접적으로 개입하는 치료적 접근을 실시할 수 있다. 실제로 형제관계 문제 등으로 위험에 노출된 형제와 그들의 어머니를 대상으로 부모-자녀(형제) 놀이치료를 실시한 연구(이은하, 2006)에 의하면, 부모-자녀 놀이치료를 통해 먼저 부모와 자녀간의 관계가 적절히 개선되고 강화되었으며 이후 형제간에도 바람직한 관계형성이 이루어졌다고 한다.

(1) 부모-자녀 놀이치료란?

부모-자녀 놀이치료는 부모나 양육자가 아동과 아동 중심의 놀이 세션들을 수행할 수 있도록 그들을 훈련하는 아동 중심 놀이치료의 일종이다.

즉, 치료자는 아동들과 직접적으로 일하지 않는다. 대신 치료자는 부모들이

자녀와 아동 중심 놀이를 할 수 있도록 훈련시키고, 아동과의 초기 세션에 관한 보고서나 아동과의 놀이 비디오를 점검함으로써 부모를 지도, 감독한다. 따라서 부모-자녀 놀이치료의 목적은 부모로 하여금 아동의 정서적인 발달과 대인간 관계를 강화하고 아동이 바람직한 가정환경에서 자랄 수 있도록 부모들에게 아동을 다루는 지식과 대인관계 기술을 전달하는 데 있다.

또한 아동이 부모로부터 격려 받고 인정받는 놀이과정을 경험하면서 좌절을 극복하고 탐색할 수 있는 능력을 가지고 가족관계 내에서의 적응행동을 습득시켜 가정 밖의 세상에 적응할 수 있도록 돕는 데 목적이 있다.

(2) 부모-자녀 놀이치료 과정

부모-자녀 놀이치료는 부모와 그들의 아동관계를 개선하도록 부모들에게 직접적 강의, 비디오 중재 그리고 역할놀이를 통하여 아동에 대한 민감성을 강화시키고, 아동들 스스로가 안전하게 자신을 탐색하고 발견할 수 있도록 환경을 수용하고 아동을 판단하지 않고 이해하는 방법을 배우도록 구성되어진다(Lobaugh, 1991).

치료사는 간결한 강의, 실연, 모델링, 역할극, 기술훈련, 구조화된 피드백 그리고 강화를 포함한 다양한 방법을 사용하여 부모를 훈련한다. 일반적으로 실시되고 있는 부모-자녀 놀이치료의 부모 집단구성은 6~8명의 소집단으로, 보통 6~12회기를 통해 이루어진다. 놀이치료 과정의 첫 부분 에서 치료사는 부모를 훈련하고 구체적으로 감독한다.

중간단계는 부모가 아동과 가정에서 놀이치료 세션을 실습하고 치료사는

부모의 보고서를 면밀히 검토해서 부모에게 다음 장면을 어떻게 해야 하는 것이 좋은지를 충고한다. 치료가 끝남에 따라 부모는 아동과의 놀이세션을 계속하고 치료사는 점차로 지도, 감독하는 역할에서 멀어진다. 부모의 놀이치료 역할이 일반화되었다는 판단을 치료사가 했을 때 부모-자녀 놀이치료를 종료한다. 즉, 부모-자녀 놀이치료는 일반적으로 강의, 실천, 가정놀이치료, 세션, 전이와 일반화의 4단계로 이루어진다(O'Connor & Braverman, 1997).

(3) 형제관계 개선을 위한 부모-자녀 놀이치료 프로그램의 예

형제관계 개선을 위한 부모-자녀 놀이치료 프로그램(이은하, 2006)은 일반적인 부모-자녀 놀이치료 프로그램을 바탕으로, 어머니 교육과정에서 어머니에게 형제간에 갈등을 다루는 구체적인 내용을 설명하고 직접 역할놀이를 하면서 연습시켰다.

즉, 형제의 갈등상황에서 어머니에게 여기 그리고 지금(here and now)의 시점에서, 그리고 형제를 동등한 입장에서 공감 또는 반영해주는 아동 중심 전략의 방법을 가르치고 역할놀이를 반복 실행하는 기회를 제공함으로써 형제간 갈등을 감소시켰다.

그리고 형제가 서로 상호작용을 시도하거나 반응할 수 있도록 어머니가 적절한 시기에 촉구 또는 중재를 사용하도록 강화하고, 다양한 놀이 활동을 소개하고 가르쳐 자녀들과 함께 가정에서 수행하도록 함으로써 형제간의 긍정적인 상호작용을 증가시켰다.

형제관계 개선을 위한 부모-자녀 놀이치료 프로그램은 먼저 어머니의 공감적 이해와 긍정적 수용 기술을 향상시킴으로써, 결과적으로 형제간 갈등이 감소하고 긍정적 상호작용이 증가하는 등 전반적인 형제관계를 개선시키는 효과가 있었다.

3) 부모교육 프로그램

부모를 대상으로 한 치료적 접근의 하나로 부모교육 프로그램을 들 수 있는데, 이 접근은 부모의 역할을 수행하는 데 있어서 필요한 자녀양육과 관련된 지식과 기술을 습득하고 역량을 키우도록 돕는 집단 프로그램이다. 부모교육 프로그램은 자녀의 연령이나 발달단계(예: 청소년기 자녀를 둔 부모집단 등), 가족형태(예: 맞벌이 가족, 편부모 가족 등), 문제유형(예: 발달장애아 부모 집단, ADHD아동의 부모집단 등) 등에 따라 다양하다.

프로그램에 참여한 부모들은 자녀의 특성에 대한 정보를 제공받고, 적절한 양육태도 및 방법(예: 의사소통 기술 등)을 습득하며, 비슷한 처지의 부모들과 함께 부정적 혹은 긍정적 경험을 공유함으로써 위로와 지지, 격려를 받으면서 부모로서의 자신감을 회복해 나갈 수 있다.

형제관계에 있어서 부모가 직면하는 가장 어려운 과업 중 하나가 형제간 갈등상황이 발생하였을 때 개입할 것인가와 개입한다면 어떻게 개입할 것인가를 결정하는 것이다. 형제 갈등은 일상생활에서 피할 수 없는 부분으로 가족이 맞부딪치게 되는 자녀와 관련된 문제 중 가장 일반적이고 지속적으로 나타나는 문제이다.

부모의 부적절한 개입은 형제 갈등을 악화시키며 일관성 없는 개입은 형제관계에 부정적인 영향을 미칠 수 있으므로 형제 갈등에 대한 부모의 개입은 매우 중요하다. 따라서 여기서는 형제관계에서 흔히 발생하는 형제간 갈등상황에 대한 부모의 적절한 개입을 돕는 부모교육 프로그램을 소개하고자 한다.

표 5 형제 갈등 해결 부모역할 훈련 프로그램

회기	제목	내용
1회기	형제자매와 부모역할	오리엔테이션 형제자매와 부모역할에 대한 이해
2회기	어머니의 과거 형제관계 돌아보기 1	어머니의 과거 형제관계 탐색하고 표현하기
3회기	어머니의 과거 형제관계 돌아보기 2	과거 형제관계 경험 다루기, 자녀의 형제관계와의 연관성 찾기
4회기	자녀의 출생순위별 행동특성 이해하기	출생순위에 따른 아동의 행동특성 이해하고, 자녀에게 적용해보기
5회기	형제 갈등 대처하기 1	부모의 대응방식 알아보기
6회기	형제 갈등 대처하기 2	맞춤형 대처기술 연습하기
7회기	형제 갈등 대처하기 3	형제관계 촉진하기
8회기	평가하기	프로그램 평가하기

출처: 아동청소년상담센터 맑음의 '형제 갈등해결 부모교육 프로그램'.

이러한 부모교육 프로그램은 부모로 하여금 자신의 성공 경험을 재인식하고 타인의 성공 경험을 습득하고 전문가에게 격려와 지지를 받으며, 자신의 감정을 조절하고 새로운 기술을 습득하는 기회를 제공한다.

PART 04

좋은 형제관계를 위한 대처와 예방

본 PART는 형제를 키우는 부모들이 보다 효과적으로 자녀를 양육하도록 하는 데 필요한 다양한 상황과 준비, 예방책, 대처들에 대해 소개할 것이다. 형제자매들의 문제, 그 자체를 수정하기 위한 작업에 임하기 전에 부모 자신의 형제관계를 돌아보는 일, 부모가 부적절하게 대처한 유형들에 대한 아이들의 심리를 먼저 이해하고 다음으로 아이들의 행동에 대해 구체적으로 어떤 예방책과 대처를 할 것인지를 알아보도록 하겠다.

> 콩깍지 안에 콩 두세 알,
> "작은 콩깍지 안에서 사이좋게 오순도순 영글어가네"

1. 부모의 원가족 형제관계 문제 해결하기

저는 연년생 딸을 둔 엄마예요. 아이들이 잘 놀다가도 사소한 것으로 싸울 때면 저는 폭발적으로 화를 내며 반응한답니다. 이 세상에는 싸우지 않는 형제자매가 없을 건데, 저는 왜 그 상황이 그렇게 부대끼는지 모르겠어요. 특히 모든 것을 자기 것이라며 챙기려드는 작은딸은 하는 짓마다 다 얄미워요. 엄마로서 챙기기 전에 스스로 다 챙기고 큰아이와도 싸워 결국은 자기가 모두 취하는 것이 너무 얄밉습니다. 그와는 달리 큰애는 제가 안 챙겨주면 다 빼앗긴다는 생각이 들고 늘 안 되었고 불쌍해 보입니다. 작은 애한테 잘못한 행동에 비해 과하게 꾸중을 하고 나면 이상하게 죄책감이 느껴지고 부모로서 무엇인가 잘못하고 있다는 생각이 듭니다. 제게 무슨 문제가 있는 걸까요.

어머니의 마음속에 무슨 일이 일어난 것일까? 자녀의 형제관계 갈등 해결에 남들보다 더 큰 어려움과 혼란을 겪고 있는 부모라면 자신의 어린 시절과 원가족 내의 형제관계에서 미해결된 갈등들을 탐색해볼 필요가 있다. 아직도 다른 형제에 대해 질투와 경쟁, 열등감이나 위축감을 느끼고 있다면, 어린 시절 동생에게 빼앗긴 부모의 사랑을 아직도 갈구하고 있다면, 자신에게 상처를 주었던 형제와 출생순위가 같은 자녀에게 이유 없이 미운 감정이 올라온다면, 자신과 같은 순위인 자녀가 자꾸만 불쌍하고 도와주고 싶다면, 반대로 미워진다면 부모의 원가족에서의 형제관계를 치료할 필요가 있다. 이러한 심리적 문제가 내재되어 있는 부모가 공평하고 객관적으로 각자 아이의 특성에 맞는 양육을 하기는 어렵다.

1) 어머니의 형제관계 갈등 탐색하기

현재 부모들의 형제관계는 어떠한가? 어릴 때부터 형 앞에서 주눅 드는 아버지, 동생이 하는 일에 이유 없이 질투가 나는 어머니, 형제들 중에 아직도 자신만이 사랑 받지 못한다고 생각하는 부모님, 남동생에 대한 무조건적인 연민과 동정, 욕심쟁이 형제자매, 귀찮은 형제자매…… 집집마다 다양한 형제관계 경험을 하였을 것이고 성인이 되어 결혼을 하고 아이를 낳아 키우고 있지만 아직도 아동기 형제관계 경험이 해결되지 않은 부모들이 많이 있다. 이러한 일이 현재 자신의 가족관계로 슬그머니 들어와 부모자녀관계, 형제관계, 부부관계, 고부관계를 해치고 있다면 원인을 제공하는 것이 무엇인지를 탐색해봐야 한다.

2) 현재 자녀의 형제관계에서 연결성 찾기

자신의 형제관계에 대한 탐색을 했다면 자녀와의 관계에서 어떤 관련성이 있는지 살펴보자. 아이들을 키우면서 형제서열이나 성에 대해 어머니가 특별히 느끼는 감정이 있는가? 아이들이 싸우는 상황에서 부모님의 마음은 어떤가? 어떤 감정을 주로 느끼는가? 누구에게 주로 그 감정을 느끼는가? 어떻게 대처하는가? 누구를 편애하고 누구에게 더 많은 처벌을 내리게 되는가? 위의 질문들에 대해 체크해볼 필요가 있다.

3) 부모의 상처와 미해결된 욕구 찾기

과거 부모들의 형제관계에서 경험했던 것들에서 상처를 받았거나 해결되지 않은 욕구들을 구체적으로 찾아보자. 부모의 사랑이 동생에게만 가는 것 같아 아직도 해결되지 않은 미해결 질투형, 다른 형제들과 비교되어 늘 자신이 못난 사람으로 여기는 열등감유형, 장애를 가진 동생 때문에 자신이 원하는 것을 부모에게 말해보지 못하고 살아온 억울하고 소외된 유형들, 부모의 사랑을 온전히 받아보지 못해 아직도 부모의 사랑을 갈망하는 애정욕구불만형,

동생들이 너무 의지해 와서 맏이로서 역할만 억척같이 해내느라 자신의 삶은 살아보지 못한 부모화 유형 등 일일이 열거할 수는 없지만, 많은 사연을 가진 부모들이 있을 것이다. 이들 부모가 자신의 상처를 보듬고 미해결된 욕구가 무엇인지를 인지할 수 있도록 하는 것이 필요하다.

4) 적극적으로 해결하기

자신의 미해결된 욕구나 상처가 된 사건을 경험한 부모들은 이제 대상이 되는 부모나 형제들과 적극적인 해결을 위한 작업에 돌입할 필요가 있다. 형제들과 대화를 시도해 과거에 하지 못했던 말과 속마음을 표현하는 방법, 부모 안의 어린아이를 다시 양육하기 위해 자신을 사랑하고 욕구를 충만하게 하는 방법, 원부모와의 관계에서 하고 싶었던 이야기와 자신의 입장에서 힘들었던 이야기를 꺼내 서로에 대해 더 이해하고 마음을 푸는 방법 등 다양한 방법으로 시도해보자. 그동안 엉겨 있던 실타래들이 풀릴 것이다. 답답하고 억울했던 부모의 마음, 형제자녀에게 걸려 있던 감정도 술술 풀릴 것이다.

5) 전문적 도움받기

위의 과정을 스스로, 또는 해당 형제자매나 원부모와의 관계에서 해결하는 노력을 해보았는가? 이런 노력으로 해결되지 않는다면 전문적인 도움이 필요하다. 가까운 상담센터를 방문하여 문제해결을 보다 안전하게 시도해 보길 바란다.

2. 부적절한 대처유형과 아이 심리 이해하기

1) 형제 갈등 대처의 잘못된 부모 유형 벗어나기

(1) 편애형 부모 – 엄마 왜 저에게만 옐로 카드를 주시나요?

편애형 부모가 체크해볼 속마음과 행동들 (O, X)

- 한 아이에게 더 많은 기대를 하고 있는가? (　　)
- 한 아이에게만 더 많은 관심을 보이는가? (　　)
- 한 아이의 말만 듣고 판단을 하는가? (　　)
- 한 아이를 칭찬하기 위해 다른 아이를 비교하는가? (　　)
- 한 아이의 성취에 대해서만 칭찬하는가? (　　)
- 부모가 원하는 것을 하는 아이만 인정하는가? (　　)
- 한 아이의 취미와 학교생활, 친구, 관심거리에 대해서만 지지하는가? (　　)
- 심부름과 보상의 기회를 공평하게 주고 있는가? (　　)

형제를 키우다 보면 어떤 자녀에게만 더 허용적으로 되는 경우가 있다. 우리가 아는 불편한 진실 중에는 열 손가락 깨물었더니 더 아픈 손가락이 있다는 사실이다. 부모가 정서적으로 더 친밀하게 느끼는 자녀에게 더 허용적이고 정서적으로 더 공감적이 되기도 한다. 이는 한쪽 아이에게는 좋은 정서적 도구가 되지만 한쪽 아이에게는 치명적인 정서적 거절을 주기도 한다.

연구결과에 의하면 부모가 다른 형제를 편애한 것을 경험한 아이들은 그 사실에 대해 높은 슬픔과 분노감을 지니고, 자신의 존재에 대해 덜 중요하게 생각한다고 하였다. 부모가 대수롭지 않게 생각한 행동이 아이의 심리에 크게 작용한다는 의미이다. 아래는 부모가 자녀를 편애할 때 주로 사용하는 언어적 표현으로 아이들의 심리와 연결하여 설명하도록 하겠다.

① 형(누나, 언니, 오빠) 말이 맞아. 무조건 들어……

큰아이와 작은아이가 말다툼을 하거나 시시비비를 걸고 있을 때, 부모가 큰아이 체면을 살려주기 위해 무조건적으로 큰아이 편을 들 때가 있다. 먼저 태어난 이유로 큰아이는 권력을 인정받고 잠시 우쭐해할 수 있다. 그러나 나중에 태어난 작은아이는 태어난 순위에 의해 무조건적으로 따라야 한다는 부모의 편애에 불만이 생겨날 것이다. 자신의 선택이 아닌 것에 의해 부당한 대우를 받는다고 생각하면 작은아이는 수직관계 자체에 대한 거부감과 불만이 쌓여 커서 사회규범이나 질서, 사회에서의 기본 서열이나 조직에서의 위계질서에 대해 이유 없는 반감과 반항감이 생겨날 수 있다.

부모로부터 권한을 부여받은 큰아이의 입장에서도 일시적으로는 우쭐할 수 있으나 그만큼의 심리적 부담은 일상생활 속에서 늘 따라다니게 되고 자신의 삶을 위해 선택하거나 결정을 내리게 될 때 방해요소가 될 수도 있다는 점을 간과해서는 안 된다.

② 무엇이든 동생한테 양보해야지

반대로 부모가 늘 동생의 편에 선다면 동생이기에 늘 보호받고 양보를 받을 수 있다고 생각하도록 하는 오류를 저지르게 되는 것이다. 형으로부터 자주 양보와 보호를 받아온 동생은 늘 윗사람으로부터 당연히 배려 받고 도움을 받아야 한다는 생각으로 다른 사람의 배려에 대해 감사할 줄 모른다. 또한 세상에서 경험하는 어렵고 힘든 일에 대해 스스로 극복하고 해결해나가기보다 쉽게 도움을 받고자 하거나 의존하려는 심약한 태도를 보일 수도 있다.

큰아이 입장에서 동생이기에 늘 양보해야 한다면 억울하고 불공정한 느낌을 받아 부모와 동생에 대한 감정이 좋아질 수가 없다. 동생이 늘 자기에게 양보와 도움을 요청하는 존재라면 동생에게 형제애나 동료애보다는 짐이고 부담으로 느껴져 이 관계로부터 도망치고 싶을 것이다. 또한 형 이기에 동생에게 늘 양보해야 한다는 피해의식이 생겨 다른 모든 상황에서 피해의식을 가지는 아이로 자랄 가능성도 있다. 형이기 때문에 해야 하는 일에만 치중하지 말고 형의 자존감을 키워주면 아이가 형으로서의 존재감을 더 가치 있게 여기고 열심히 역할 수행을 하고자 할 것이다.

③ 동생이 자니까 조용히 해라

아직 조절력이 부족한 큰아이에게 일상생활에 제한을 주거나 어린 동생이 잘 때마다 무조건 조용히 할 것을 요구한다면 큰아이들에게는 참으로 억울하고 동생이 원망스러운 일이다. 대개의 아이들은 동생이 태어나면 이렇게 삶이 불편해질 줄은 몰랐을 것이다. 동생이 자면 큰아이는 마음대로 놀기는 커녕 소리조차 낼 수 없다. 자신에게 불편함을 주는 이런 일이 도대체 왜 일어나는지, 왜 저 아이는 잠만 저렇게 자는지, 갓난아기에게 왜 모든 어른들이 저렇게 신경을 쓰고 있는지 혼란스러울 것이다. 많은 아이들이 아주 어린 동생을 꼬집거나 머리를 당기고 단잠을 자는 베개를 빼버리는 등의 행동을 할 때가 있다. 자기는 불편하고 힘들기만 한데 동생은 누워서 모든 사랑을 독차지하며 편안히 잠만 자대니 심술이 날 수밖에 없다. 그리고 평소처럼 행동을 했는데도 꾸중을 들어야 하니 도대체 나에게 무슨 일이 일어난 걸까 당황스럽고 답답한 심정일 것이다. 아기가 태어나기 전에 큰아이에게 '동생이 오면 잠을 많이 잘 것이고 충분히 잘 자야 아프지 않고 쑥쑥 자라서 너와 놀 수 있는 날이 빨리 온다'는 이야기를 아이들 수준에 맞추어 해주는 것이 필요하다. 아이에게 동생을 맞이하는 상황에 대해 설명을 해주어 이해시킨다면 동생을 위한 배려적 행동을 더 많이 할 것이다. 이때 부모가 그 순간을 놓치지 않고 칭찬해 준다면 좋은 행동의 양은 당연히 늘어날 것이다.

④ 동생도 생겼는데 왜 이렇게 아기처럼 구니?

갑자기 동생이 생긴 것은 아이들에게 하나의 역경을 만난 것이나 다름이 없다. 빼앗긴 부모의 사랑, 부쩍 줄어든 관심과 보호, 늘어난 혼자 해야 할 일들…… 생활 속의 이 변화를 어떻게 견뎌야 할지 힘겨운 사투를 시작해야만 한다. 큰아이가 어떤 상황에 처해 있는지 어떤 괴로움을 느끼고 있는지 이해하지 못하고 부모가 작은아이 입장에서만 서서 무엇인가를 요구해온다면 큰아이는 부모가 동생을 편애한다는 느낌을 받는다. 이 아이들은 심리적인 불안감을 느끼고 해소하기 위한 여러 가지 퇴행행동을 하기 시작할 것이다. 부모가 알아주지 않으니 스스로 문제를 해결하기 위해 자신이 정말 편안하고 안락하며 행복하게 느꼈던 순간을 찾아 그 만족감을 줄 수 있는 행동을 하는 것이다. 현재 어린 동생처럼 오줌을 못 가리는 아이로 돌아가거나 손가락을 빨거나, 혀 짧은 소리로 아기 말을 한다. 그때 부모가 동생의 존재를 들먹이며 그 행동 자체를 꾸중한다면 수치감을 느끼며 더 큰 좌절감을 느낄 것이다. 부모가 자신의 심리적 괴로움을 알아주기보다는 수치감과 좌절감을 주어 더 힘들게 하였다 생각하며 동생에게 더 함부로 하거나 퇴행행동을 더 많이 오래 지속할 것이다. 차라리 큰아이와 하루 30분 이상 단독으로 하는 집중적인 놀이시간을 갖는다든지, 하루에 몇 번씩 안고 사랑한다고 표현하여 부모의 사랑이 변함없음을 알리고 역경을 이겨나갈 수 있도록 사랑의 힘을 채워주는 것이 더 효과적이다.

(2) 분노표출형 부모 - 엄마는 왜 화만 내세요?

부모가 아이들이 싸우는 장면을 목격하면 감정적으로 심하게 동요될 때가 많다. 과거 아동기 형제관계로 인한 것이든, 현재 부모의 심리상태와 관련된 것이든 감정이 먼저 올라와 대처하는 경우가 이런 경우이다. 부모들이 감정적으로 동요되면 칼자루를 빼들고 누구에게 어떻게 처벌할지만 생각하게 된다. 감정의 노예가 되어 자녀들의 갈등을 무력으로 제압하는 것이다.

① 너희들 때문에 못살겠다. 맞아야 정신을 차리겠구나

부모들이 아이들에게 늘 최상의 교육자와 양육자의 역할을 하기는 쉽지 않다. 특히 형제자매를 키우는 부모들은 일상생활에서 챙기고 해야 할 일들이 산더미처럼 쌓여 있다. 부모의 양육 스트레스는 해결되지 않고 쌓여 있다가 어느 순간, 무엇인가 자극이 될 만한 장면을 목격하면 폭발하게 된다. 부모의 과도한 양육 스트레스는 양육효능감을 떨어뜨려 자녀를 키우며 겪는 일상의 어려움을 감당하지 못하게 하고 자신의 감정에 휩싸여 양육 실수를 하게 만든다. 아이들이 잘못 생각하고 행동했다면 함께 고민하고 문제를 찾아 수정해가야 한다. 갈등이 일어났을 때 부모가 화를 내고 충동적으로 체벌을 하게 된다면 아이는 문제해결방법으로 폭력을 가장 손쉽게 선택할 것이다. 아이들은 부모를 믿고 따를 만한 존경스러운 사람으로 생각하기보다는 자신에게 공포와 고통을 준 화와 분노의 대상으로 여길 것이다.

② 하나만 낳았어야 했었어

일상생활에서 아이들의 사소한 싸움과 갈등에 언어적인 폭력을 휘두르는 부모가 많다. 아이들에게 자신의 존재 자체를 거부하고 인정하지 않는 의미가 내포된 부모의 말은 아이에게 큰 분노감과 실망감을 형성하도록 한다. 비록 말로 하는 것이지만 아이들의 가슴에 박힌 부모의 이런 말들은 큰 상처로 남을 것이다. 그리고 이렇게 언어로 인해 상처를 받으면 자신도 언어적 무기를 사용해 다른 사람을 공격할 수 있다는 것을 배우게 된다.

(3) 판결형 부모 – 엄마가 판사인가요?

① 누가 먼저 그랬어?

아이들이 갈등을 겪고 있을 때 많은 부모들의 첫마디가 '누가 먼저 그랬니?' 이다. 누가 원인을 제공했고, 누가 더 잘못했고 누가 덜 잘못했고, 누가 더 때렸고 누가 더 맞았는지에 대해 캐묻고 판결을 내려준다면 아이들의 관계는 더욱 대립적인 관계로 발전할 것이다. 싸우거나 갈등상황 이후 서로 협상하고 화해하는 과정은 가족이라는 울타리에서 경험할 수 있는 값진 선물이다. 이 경험은 훗날 대인관계에서 일어나는 갈등을 어떻게 해결해갈 것인지에 대한 좋은 훈습과정이 된다. 부모가 잘잘못을 평가하여 판결을 내려가는 과정에서 아이들이 겪는 긴장감과 위기감은 형제를 형제로 느끼기보다는 경쟁적이고 적대적인 대상으로 여기게 될 것이다. 아이들의 갈등과정에 부모가 즉각적으로 개입하여 중재해주고 잘잘못을 가려 야단과 꾸중을 대신해준다면 아이들은 갈등해결의 주체자가 될 수 없을 뿐만 아니라 수동적인 갈등대처방식에 익숙하게 된다는 점을 잊지 말아야 한다. 싸우고 갈등하고 화해하고 깊어가는 형제관계를 부모는 양을 치는 목동의 마음으로 지켜보고 있어야 한다.

② 안 봐도 뻔해~

아이들의 싸움에 대해 증거 없이 개입하여 판결을 내리는 행동은 삼가야 한다. 한 아이의 고자질이나 부모의 추측과 선입견으로 잘잘못에 대해 결론을 내리고 벌을 준다면 형제들의 가슴에는 억울함과 부모에 대한 분노감이 쌓일 것이다. 직접 보지 않은 것, 증거가 없는 상황에서 부모 마음대로의 판결은 아이들에게 더 악영향을 준다.

(4) 갈등유발형 - 엄마 때문에 싸우는 거예요!

- 누가 먼저 (잘)하나 보자
- 넌 왜 동생보다 못하니
- 네 오빠가 너만큼만 하면 얼마나 좋겠니

부모들 중에는 형제관계 갈등을 부추기고 유발하도록 하는 분위기를 만드는 사람들도 있다. 유치원을 가기 위해 준비하는 아이들에게 누가 먼저 아침밥을 빨리 먹나 보자라든가. 숙제를 하라고 방으로 들여보내며 먼저 하는 사람에게 보상을 준다든지, 형제를 비교하여 자녀를 꾸중하는 등의 부모의 행동은 아이들이 서로를 협력적인 관계로 여기기보다 이겨야 하는 경쟁대상으로 여기도록 한다. 또한 비교를 당하는 아이는 화가 나고 부모가 다른 형제보다 자신을 덜 사랑한다고 생각하도록 만들어 매사에 질투하고 경쟁적인 구조로 형제관계를 몰고 갈 것이다.

비교 시에 칭찬을 받은 아이도 일시적으로는 기분이 좋을 수 있지만 칭찬받은 성과를 내지 못하면 사랑을 잃을지도 모른다고 생각하며 부모의 사랑을 얻기 위해 매사에 열심히 할 수도 있다. 또 이런 아이들은 비교가 된 다른 형제자매를 무시하게 되고 형제관계에서의 서열과 존중이 없어져 형제관계는 더욱 수렁으로 빠지게 된다. 또한 이들은 다른 형제에게 죄책감과 미안함을 느끼게 되어 자신의 욕구를 솔직하게 표현하지 못하게 되고 이런 과정이 축적되면 욕구불만이 원인이 되어 부모자녀관계나 형제관계가 나빠지는 악순환을 거듭하게 된다.

■ 난 골치 아프니, 너희가 알아서 해~

몇몇 부모들은 자녀의 갈등에 대해 모른 척하기도 한다. 몸싸움까지 가고 형제관계에서 하지 말아야 할 욕을 하거나 힘이 센 형제가 약한 형제를 일방적으로 괴롭히고 있는 장면을 보고도 자기들끼리 알아서 하라는 식으로 내버려두는 경우도 있다. 이런 부모 밑에서 자란 아이들은 몸싸움이 정당하다고 느끼거나 부모로부터 적절히 보호받거나 사랑받지 못한다고 느낄 수도 있다.

나아가 몸싸움으로 인해 다친 경우 맞은 아이는 강렬한 적개심을, 때린 아이는 죄책감을 얻어 형제간의 우애가 깨지게 된다. 또 다른 형제자매로부터 지속적으로 괴롭힘을 당해온 아이는 형제자매뿐만 아니라 부모에게도 분노와 적개심이 쌓여 화가 찬 아동이 될 것이고 일상생활이나 다른 또래관계에서 같은 악순환을 거듭하게 된다. 자유를 주되, 어느 정도의 안전과 보호를 보장해주는 울타리가 되는 대처방법을 취하는 것이 필요하다.

3. 일상생활에서의 기본적 예방과 대처

1) 우애로운 형제자매를 만들기 위한 작전을 상황별로 준비하라!

아이를 키우는 과정에서 저절로 되는 것도 있지만 노력해야 되는 것도 많다. 형제들의 연령이 증가하면서 나타나는 갈등의 양상도 다르다. 이런 특성을 이해하고 다양한 지식을 겸비하여 지혜로운 작전을 짜야 한다. 아래의 한 상황적 예를 참조하기 바란다.

3세 이전에 태어난 동생은 삶에서 반갑지 않은 손님이라고 한다. 아이 입장에서 손님 맞을 준비를 할 수 있도록 도와야 한다. 어떤 손님이 오게 될지에 대해 아이와 탐색하는 시간을 가지는 것이 좋다. 큰아이가 아기였을 때 사진을 보며 어떤 행복한 시간을 보냈는지, 어떤 에피소드가 있었는지, 아이는 어떻게 행동하는 아이였는지, 부모가 어떻게 했는지에 대해 이야기 나누는 시간을 가져본다. 큰아이는 부모의 사랑을 확인하고 자신의 아기 때의 행동을 이해하면서 새로 맞이할 아기손님에 대해 준비할 수 있는 시간을 가질 것이다. 그런 아이가 올 때 자신은 무엇을 할 수 있는지에 대해 얘기해보도록 하는 것도 큰 도움이 될 것이다. 그러나 동생(이제 갓 태어날 아기)이 태어나면 재미있게 놀 수 있을 것이라는 기대를 주는 것은 피한다.

■ 부모의 약속!

– 큰아이에 대한 부모의 사랑은 변하지 않는다는 것을 알려준다.

– 태어나자마자 함께 놀 수 있다는 헛된 희망을 주지 않는다.

– 동생 출생에 대한 기쁨을 절제한다.

– 동생이 태어나도 생활리듬은 깨지 않는다.

– 동생에게 큰아이 물건을 넘겨주는 것에 대해 반드시 물어본다.

– 동생 물건을 구입할 때 색깔이나 그림 등에 대한 의견(조언)을 듣는다.

– 동생이 태어났을 때 돌보는 일에 대해 도움을 요청한다.

올리버는 화가 났어요! 엄마는 올리버가 쓰던 물건을 아기에게 다 주겠대요. 이럴 수는 없어요. 엄마 정말 미워! 배가 남산만한 엄마는 올리버가 아기 때 쓰던 물건들을 모두 꺼낸다. 아직 태어나지도 않은 아기에게 주겠단다. 먼지도 털고 새로 페인트 칠도 하고. 올리버는 화가 단단히 났다. 엄마는 아기밖에 모른다! 올리버가 쓰던 아기 침대는 벌써 동물인형들이 사는 우리가 되었고, 아기 의자는 우주 로켓 발사대로 쓸 계획인데, 아직 태어나지도 않은 아기에게 다 주겠다니! 이럴 수는 없다. 화가 난 올리버는 엄마에게 하나하나 따지고 든다. 엄마는 허락 없이 엄마 물건을 남에게 주면 좋으냐고, 엄마가 정말 미워서 내다버리고 싶다고, 엄마가 나가기 싫다면 내가 집을 나가겠다고……

2) 형제관계의 이점을 활용하라 – 형제가 있으므로 행복하노라

형제관계가 있는 아이들은 외동이보다 대인적응력이 높다는 연구결과들이 있다. 어린 시절 부모의 품을 떠나 가장 안전하게 대인관계를 연습할 대상은 형제관계이다.

자신이 아닌 타인과의 놀이와 사교 경험은 이후 만날 다른 대인관계에서 필요한 사회성을 키워준다. 나누는 방법, 거절하는 방법, 문제를 해결하는 방법, 대처하는 방법, 절충하는 방법, 양보하는 방법 등 형제간의 경험에서 얻을 수 있는 것은 무궁무진하다.

어린 시절 형제를 적으로 느끼게 하지 않고 우애로 다져진 든든한 형제로 느끼도록 한다면 부모만큼이나 좋은 배경을 지닌 것이다.

형제가 함께할 수 있는 일을 많이 경험하도록 하여 서로가 필요하고 고맙다고 느끼는 놀이와 일거리를 제공하는 것이 좋다. 함께 과제를 수행해서 칭찬을 얻고, 그로부터 함께 성취감을 느끼며, 함께 어려움을 극복하는 과정을 경험하도록 하는 협동과제를 주는 방법도 좋은 예가 된다. 둘이 같이 해야만 놀 수 있는 놀이를 부모가 촉진하고 형제가 함께하도록 분위기를 조성해준다면 놀이 대상으로 형제가 있음을 감사할 것이다.

3) 각자의 사생활을 보장해주어라

함께 방을 쓰고 늘 함께 붙어서 지내는 형제는 그만큼 싸우는 양도 늘어날 것이다. 아이들이 자신만의 공간과 부모의 시간을 활용할 수 있다면 불필요한 경쟁과 질투를 줄이고 우애가 돈독해질 것이다.

각자의 과외활동 시간이 다르고 사용공간이 다르다면, 가끔은 혼자만의 놀이시간을 가지면서 함께 노는 시간도 귀하게 여길 것이다.

4. 형제관계 갈등유형별 대처

1) 경쟁

■ 대처 1: 비교하지 않기

좋은 형제관계를 위해 쉽고도 어려운 것이 '비교하지 않는 것'이다. 일상생활에서 많은 부모들은 형제에게 '누가 잘하나 보자~'의 의미가 내포된 말을 한다. 직접 비교하는 말을 하는 것은 아이들의 자존감을 낮추고 서로를 경쟁상대로 만들어 우애관계를 망친다. 또한 부모가 직접 말로 표현하지 않더라도 각자에게 과제를 주고 빨리 해오는 사람에게 어떤 보상을 줄것 같은 분위기나 구조를 만든다면 같은 심리적 결과를 초래할 것이다. '비교하지 않기!' 쉬운 이야기지만 어렵고 가장 우선적으로 실천해야 할 부모의 과제 이다.

■ 대처 2: 형제의 팀워크 키워주기

형제에게 과제를 줄 때 누가 먼저 하는가에 초점을 두지 말고 둘이 힘을 합쳐 얼마나 빨리 하는지가 관건인 공동과제를 주어라. 둘이 협동을 하면 성공하게 되고 경쟁을 하면 지게 된다는 것을 알게 되어 형제의 협동이 성공을 만들었다는 경험을 몸으로 체험하도록 하라.

■ 대처 3: 각자 고유한 장점과 차이점을 키워주기

아이들이 갖고 있는 외모나 성격적인 특징을 이용해서 사랑스러운 애칭을 각자 지어준다. 이로 인해 아이들은 부모에게 있어 자신들이 서로 다른 특성을 가진 소중한 자식이라는 것을 알게 된다.

또한 형제간에 구별되는 다른 특기나 취미를 인정하고 지지해주어 각자 자신의 재능이 있음을 인정하도록 도와준다. 이는 자신의 욕구나 능력과는 상관없이 불필요한 경쟁구도 속으로 아이들을 밀어 넣거나 부모의 인정을 받기 위해 싸우는 전쟁터를 만들지 않게 할 것이다.

■ 대처 4: 우애로운 행동을 놓치지 않고 칭찬해주기

형제들이 보여주는 우애로운 행동을 놓치지 말고 칭찬해주어야 한다. 함께 싸웠으나 서로 화해하는 모습, 나누어 갖는 모습, 협동하는 모습 등 바람직한 형제간의 태도와 행동을 하였을 때 부모는 즉각적인 반응을 해줄 필요가 있다. 이런 긍정적인 피드백은 아이들의 긍정적 행동의 양을 늘려줄 것이다.

2) 질투

■ 대처 1: 공평하게 대하기

형제자매를 둔 부모는 항상 공평하게 대하려 하지만 아이들의 불공평에 대한 불평은 끝이 없다. 어떤 소아정신과 의사는 큰아이의 반복되는 불평을 듣고 집안에 CCTV를 설치하여 형제를 대하는 부모의 태도를 관찰했다고 한다. 과학적 방법에 의해 부모의 행동을 관찰하고 측정한 결과 큰아이의 불평은 의미 있는 불평임을 알았다고 했다. 부모가 모르는 행동을 아이들이 알 수가 있다. 지나치게 질투를 하는 자녀가 있다면 부모의 공평한 행동을 다시 한 번 살펴보는 것이 필요하다.

■ **대처 2: 있는 그대로 인정해주기**

부모가 공부나 착한 행동 등의 특정 잣대에만 맞추어 형제를 비교하며 칭찬하거나 꾸중한다면 형제관계에서의 질투는 높아지기 마련이다. 모든 형제자매가 각자 가지고 있는 장점과 특기가 다르고 각자 다른 영역에서 칭찬을 받을 수 있는 유능함이 있음을 알려주는 것이 필요하다. 부모의 사랑을 더 얻기 위한 수단으로 부모가 원하는 것에만 몰두하여 자신의 삶을 살게 된다. 질투가 모든 일을 하게 한 것이다. 눈에 보이는 많은 성취를 이루어 화려한 결과를 얻을지는 모르지만 자신이 진정으로 원하는 것을 찾지는 못해 불행해하는 사람이 될 수도 있다.

■ **대처 3: 개별적으로 질적 상호작용하기**

질투를 많이 하는 아이들 중에는 마음속에 부모의 사랑을 충분히 받지 못하고 있다고 생각하는 경우가 많다. 안 그래도 부모의 사랑이 불충분하고 고픈데다 형제간에 나눠가져야 하는 현실은 더욱더 고통스러움이 될 것이다. 부모와 같이 있지만 늘 다른 형제에게 더 많은 사랑을 주는 것 같아 늘 불안하고 손해 본다는 생각을 할 것이다.

이런 경우 부모는 각자 아이들과 질적인 상호작용 시간을 정해놓고 가지는 것이 좋다. 직장을 다니는 어머니라면 하루 최소 30분 정도 시간을 각자 형제들과 시간을 따로 가지고 온전히 자신만을 위해 시간을 가지고 있다는 느낌을 주도록 하는 것이 필요하다. 따로 노는 요일, 시간, 각자 아이가 원하는 놀이를 정해놓고 함께 시간을 보낸다면 아이들의 욕구불만은 해결되고 형제가 함께 노는 시간도 더 기쁘게 받아들일 것이다.

■ 대처 4: 큰아이 위신 세워주기

큰아이가 작은아이에 대해 '너 때문에 내가 더 억울해졌어'라는 마음을 자주 느낀다면 동생의 존재는 부담과 스트레스의 원인이 될 수 있다. 동생 때문에 동생 앞에서 부모에게 꾸중을 듣거나, 늘 자신의 것을 동생과 나눠가져야 하며, 심지어 동생과 비교되어 흠이 잡히고 있는 아이들이라면 동생에게 늘 화가 차 있고 질투의 화신이 될 것이다. 이런 경험이 쌓인 아이들은 다른 아이들에게는 친절하고 배려적이다 가도 정작 동생에게는 그런 넓은 아량이 생기지 않는다. 또한 자신의 위치가 위태롭고 체면을 차릴 수가 없어서 불안한 마음과 체면을 차릴 욕심으로 동생에게 힘으로 이기려들거나 심한 말로 훈계를 하며 부적당한 방법으로 왕좌를 지키려 한다. 작은아이 앞에서 힘 있고, 체면이 서는 큰아이 대접을 해주었을 때 바람직한 상위 역할을 하려 들 것이다. 이미 동생 앞에서 큰아이에게 꾸중을 했다면, 부모는 미안하다고 사과하고 앞으로는 동생이 없는 자리로 불러서 꾸중을 하도록 하는 것이 좋다. 형이 형으로서의 좋은 역할을 수행했다면 놓치지 않고 '형 답구나', '형이라 역시 다르구나' 등으로 긍정적인 강화를 해줄 필요가 있다.

3) 서열

■ 대처 1: 태어나면서 정해진 자연스러운 약속을 받아들이도록 한다

첫째 아이로 태어난 것을, 둘째로 태어난 것을, 막내로 태어난 것을 불평해오는 아이들이 있다. 태어나는 순서는 자신이 선택할 수 있거나 노력 한다고 바꿀 수 있는 것이 아니다. 부모는 공평하게 대한다고 하지만 아이들

입장에서는 먼저 태어나고 나중에 태어났기 때문에 부당한 대우를 받는다는 느끼고 형제 갈등이 생겨난다. 가장 좋은 해결책은 서열은 태어난 순서대로 정해지는 것일 뿐이고 부모에게는 모두가 똑같이 소중하고 사랑하는 자식이라는 것을 말해주는 것이다. 그리고 더 중요한 것은 공평하고 공정하게 부모가 행동하는 것이다.

■ 대처 2: 동생으로 인한 큰아이의 스트레스를 어떻게든 표현하도록 한다

큰아이 입장에서 보면 부모의 관심과 사랑을 혼자 독차지하며 자랄 때에 비해 동생이 태어난 이후 일어난 일들이 많은 스트레스가 될 것이다. 아이가 동생으로 인해 받는 스트레스를 표현해 왔을 때 그 마음을 지적하거나 훈계만 해버린다면 큰아이의 마음과 입을 닫고 더 이상 표현을 해오지 않을 것이다. 그리고 그 스트레스는 고스란히 다른 문제행동의 원인으로 자리 잡을 것이다. 큰아이가 자신의 괴로움을 표현했을 때 가장 먼저 부모는 아이의 마음을 수용해주는 것이 필요하다. '짜증났구나, 화가 났구나, 너무 얄미웠구나, 귀찮았구나' 그런 마음을 충분히 가질 수 있음을 알아주고 이해해주는 태도를 보였을 때 큰아이의 감정은 누그러지고 동생에 대해 보다 이성적인 사고와 태도를 가질 수 있다.

'동생을 미워하는 것은 나쁜 거야. 넌 형인데 그러면 되니? 다음부터는 그러지 마'라는 부모의 반응은 누구에게도 이해 받지 못하고 자신의 마음을 알아주는 사람이 아무도 없다고 느끼게 할 것이다.

■ **대처 3: 큰아이의 유능감을 알아준다**

동생의 존재가 스트레스가 되기도 하지만 동생 앞에서 형이 우쭐해질 수 있는 날도 많다. 동생이 다른 아이들에게 부당한 대우를 받거나, 처음 해보는 것이라 할 수 없는 일이 있을 때, 형은 잘 알지만 동생은 풀 수 없는 문제가 있을 때 형의 진가를 보여주는 기회를 놓치지 마라. 동생으로부터 '형이 해결했어', '형이 도와주었어', '형이 내 편이 되어 주었어'라는 말을 듣는 것은 형이 자신의 가치를 귀하고 유능하게 느낄 수 있는 중요한 기회이다. 자신의 유능감을 확인하고 키우기 위해서라도 큰아이는 동생이 도움이 필요하다고 하면 언제, 어디든 나서서 든든한 해결사가 되어줄 것이다.

■ **대처 4: 서열 안에서 예의를 지키도록 교육한다**

많은 큰아이들이 부모에게 동생이 자신을 함부로 대한다고 불평해 온다. 큰아이로서 예후를 받고 싶은 것이다. 친밀하게 우애 있는 관계도 좋지만 어느 정도의 큰아이에 대한 예절을 갖추는 것이 필요하다. 싫어하는 별명을 부른다든가, 욕을 한다거나, 함부로 대하는 것은 큰아이가 존중받지 못하고 무시당한다고 느끼게 한다.

이와는 반대로 큰아이들 중에는 동생에게 강압적으로 심부름을 시키거나 강제로 일을 시키는 경우도 있다. 서로 도와주는 것과 이용하고 부리는 것은 다른 맥락이다. 큰아이는 자기가 도와줄 때도 있으니 당연히 동생도 자기를 기꺼이 도와야 한다고 생각하지만 동생의 입장에서는 특별한 예의를 지키지 않으면 그렇게 생각하기가 쉽지 않다. 큰아이에게 동생에게 부탁하는 법, 고맙다고 표현하는 법을 가르쳐라. 이는 이후 대인관계에서 같은 패턴으로 나타나 성공 여부에 중요한 영향을 미친다.

4) 싸움

▪ 대처 1: 일상생활에서 형제간 규칙을 정해둔다

① 소리 지르지 않기: 서로 대화를 하다가 감정이 고조되어 소리를 지르고
싶을 때는 손을 들고 '타임'을 외친 후 잠시 감정을 진정시키도록 규칙을
정한다.

② 상처 주는 말 하지 않기: 험담을 하거나 인신공격적인 말을 하거나
마음에 상처를 남길 수 있는 말과 행동은 하지 않는다.

③ 허락 없이 다른 사람 물건 사용하지 않기: 물건이 필요할 때는 반드시
주인의 허락을 받도록 한다. 많은 형제자매들의 싸움은 허락 없이
사용한 물건이 원인이 되는 경우가 많다.

④ 고자질하지 않기: 고자질은 본인이나 다른 형제의 분노를 촉진하는
수단이다. 부모가 먼저 중심을 잡고 '다른 아이에게 상처가 되거나 흉을
보는 이야기는 듣지 않을 거야'라고 말한다면 분노를 누그러뜨리고
이성적으로 행동하는 데 도움이 될 것이다.

▪ 대처 2: 즉각적·직접적 개입을 하지 않는다

싸우는 아이들을 보고 있는 부모들은 한숨 돌리기, 정지 단추 누르기가
필요하다. 마음은 싸우는 아이들에게 당장 달려가서 호통을 치고 멈추도록
하고 싶지만 싸움이 아이들의 삶에 도움이 되도록 하려면 기다리고 지켜보며

방법을 찾는 것이 좋다. 아이들의 말싸움에 부모가 개입할수록 경쟁이 더 치열해진다는 연구결과가 있다. 매번 직접적으로 개입하여 즉각적으로 잘잘못을 가리거나 벌을 준다면 형제간에 스스로 갈등을 해결해가는 방법을 익히기는 어렵게 된다. 부모가 가르쳐준 해결방법을 확장하고 응용할 수 있는 기회도 없다.

■ 대처 3: 부모에게 도움을 요청할 수 있는 조건을 정해준다

한 아이가 다쳤거나, 물건을 부수었거나, 문제가 커져서 스스로 해결할 수 없다고 둘이서 합의를 본 경우, 공동으로 도움을 요청할 수 있음을 알려준다. 한 아이가 먼저 부모에게 달려가 사실을 알리는 순간, 다른 아이는 이미 싸움에서 적이 한 명 더 생겼다고 오해를 시작한다. 그래서 거짓말을 만들거나 더 나쁜 행동으로 반격하여 부모에게 억울한 누명을 쓰게 된다.

■ 대처 4: 몸싸움을 할 때는 반드시 개입한다

아이들의 갈등이 심해져서 몸싸움까지 간 경우라면 중재해주는 것이 좋다. 누가 먼저 왜 그랬는지 등에 대해 잘잘못을 가리기보다 일단 몸싸움 그 자체를 중지시키는 것이 중요하다. 몸싸움을 방치하여 한 아이가 다치면 다친 아이는 분노감과 복수심에 휩싸이고 때린 아이는 죄책감과 이후 벌에 대한 불안에 떨게 될 것이다.

① 감정을 읽어준다

아이들이 싸우면서 많이 사용하는 말이 무엇인지 살펴본다. 억울하다, 분하다, 짜증난다, 불안하다, 얄밉다, 서운하다 등 아이들이 형제관계에서 해결하지 못한 감정을 부모가 수용하고 읽어주는 것이다. 자신의 감정이 수용되는 경험은 보다 이성적인 행동을 만들어 다툼이 멈추거나 줄어들 수 있도록 한다. 또한 각 개인에게도 자신의 감정을 알아차리거나 상대방의 감정을 이해할 수 있는 기회가 된다. '형이 안 줘서 서운했구나!', '동생이 대드니까 억울했구나!', '네 것을 다 가져갈까 봐 걱정이 되었구나', '네가 동생 때문에 화가 많이 났구나'. 아이들이 싸우다가도 감정이 수용되면 이미 반 이상의 목적은 달성되었다고 느껴 싸움이 누그러질 것이다.

② 두 아이들 모두의 이야기를 들어준다

타이머를 준비해서 공평하게 시간을 분배하고 이야기를 들어주자. 이때 얘기하는 도중에 누구도 방해할 수 없음을 인지시킨다.

③ 주의를 딴 데로 돌린다

이 게임은 이제 그만하는 것이 좋겠구나, 잠시 다 같이 밖에 나갔다 오자, 5분 정도 쉬는 시간을 가지렴, 같이 아이스크림 먹을까 등으로 주의를 딴 데로 돌리는 것이 좋다.

■ 대처 5: 공정하게 해결하는 기술을 가르친다

갈등해결 방법을 모르는 아이들은 더 자주 싸운다는 연구결과가 있다. 스스로 터득하는 방법도 중요하고 부모가 준 팁을 실천하며 더 좋은 방법을 찾아내는 것도 필요하다. 아이들이 오랫동안 갈등해결 방법을 찾지 못하고 있거나 혼란스러워한다면 몇 가지 방법을 전달하는 것도 지식기반을 만들어주는 셈이 된다.

Tip 갈등해결을 위한 효과적인 대화기술 가르치기

· 구체적으로 무슨 말과 행동이 자신을 기분 나쁘게 했는지 말하게 한다.
· '나 메시지(I-MESSAGE)'를 쓰도록 한다. 나를 주어로 해서 자신의 감정을 표현하는 문장을 가르쳐 보라. "나는 형이 나한테 물어보지도 않고 내 물건을 갖고 가서 화가 나. 다음부터는 나에게 물어보고 가져가면 좋겠어."
· 상대방 말을 들어주는 습관을 들인다. 상대방이 하고자 하는 이야기를 듣지 않고 화를 내거나 몸싸움을 먼저 시작하는 과정이 대개 형제싸움의 양상이다. 상대방이 말할 때 듣고 기다린 후 자신의 말을 하도록 한다면 상대방에 대한 이해를 높이고 자신의 감정을 조절할 여유를 가져 감정으로 인한 싸움은 누그러질 수 있다.
· 욕을 하거나 무시하는 말은 하지 않는다.

5. 가족 특성에 따른 예방과 대처

1) 일반가정

(1) 형제순위와 형제 수

① 첫째 아이를 위한 양육 키워드

첫째 아이를 키울 때 조심해야 할 부모의 태도는 과보호적 태도이다. 첫째 아이에 대한 과잉관심, 과잉기대, 과잉애정을 줄여 다른 형제에게로 돌리도록 한다. 부모 스스로 그런 마음이 생길 때마다 한걸음 물러나 자녀를 보고 어느 정도 여유 있는 부모자녀관계를 형성하도록 한다. 큰아이에게 과잉기대를 한다면 자녀는 스트레스를 받고 부모의 욕구를 충족하기 위해 삶을 통째로 바칠 것이다. 그리고 그들의 가슴은 불행감으로 가득 찬다.

반대로 첫째 아이를 애어른으로 만드는 일도 삼가야 한다. 심리학적인 용어로 부모화된다는 의미는 연령에 맞지 않게 어른처럼 행동하도록 강요되어 정서적, 물질적으로 부모를 지원하거나 문제를 해결하려 들며 형제관계에서 불공평을 경험하는 것을 의미한다.

이러한 아이들은 자신의 발달연령에 적합한 욕구와 행동을 취하지 못했기에 커서 대인관계에서 문제를 일으키거나 불안과 우울과 같은 정서, 자기애적 성향을 지니게 되어 적응에 어려움을 가지게 된다. 아이가 아이답게 자신의 욕구를 표현하고 자신의 연령에 적합한 마음과 행동을 하도록 허용해야 한다.

② 중간 아이를 위한 양육 키워드

아들러는 출생순위에 대한 연구에서 중간 아이들은 첫째와 막내 사이에서 살아남고 인정받기 위해 부단히 노력하여 창의성과 유연한 성격, 대처방식과 문제해결력이 높다고 하였다. 위아래로 조율하는 연습을 거친 둘째 아이들은 사회성이 뛰어날 뿐만 아니라 부모에게 기댈 수 없는 현실을 감지해 일찍 독립적인 태도를 보인다고 한다. 그러나 이들에게도 해결되지 않는 욕구와 상처가 있으니 부모는 중간 아이들에게 다음과 같은 태도로 양육하도록 한다.

- 첫째와 막내에게 특별 대우하지 않는다.
- 두 번째나 세 번째 태어난 아이들의 출생도 처음처럼 여긴다.
- 샌드위치 형제관계에서 느끼는 것을 말로 표현하도록 장을 만들어준다.
- 모든 것을 물려받도록 하지 않는다.
- 둘째 아이를 적합한 방법으로(독창적으로) 키운다

③ 막내 아이를 위한 양육 키워드

아들러 학자에 의하면 막내들은 창의적이며 외향적이고 여유로우며 사회성이 좋다고 한다. 그와는 반대로 충동적이고 장난기가 많으며 태평한 기질도 높다고 한다.

- 첫째 아이 키울 때의 에너지를 유지하라.
- 제멋대로 하도록 버려두지 마라(막내들이 버릇이 없다. spoiled children이라는 말이 있다).
- 관심받기 행동을 강화해주지 마라(부적절한 방법으로 관심을 받으려 한다).
- 책임감을 키워주라(심부름, 과제 해내기, 손위 형제들 도움에 의존하지 않도록 등).
- 연령에 맞게 대하라('한번 막내는 영원한 막내다'는 사회에서는 통하지 않는다).
- 어린아이들을 돌보는 기회를 마련하라.

④ 외동을 위한 양육 키워드

- 최상의 서비스에 익숙하도록 하지 않는다.
- 아이를 가족의 중심에 두지 않는다.
- 과잉간섭, 과잉기대를 수시로 점검한다.
- 다른 친구와 놀 기회를 놓치지 마라.
- 또래와의 갈등해결이나 문제해결력을 키워주라.

(2) 형제 터울

① 터울이 클 경우

터울이 큰 경우, 형제자매는 함께 놀이하는 데 어려움이 있고, 큰아이는 놀이대상이 되지 못하는 동생에게 도움만 주어야 한다고 생각하여 귀찮게 여길 수도 있다. 또는 큰아이가 동생을 분풀이 대상으로 삼거나 희생양으로 만들기도 한다. 동생은 큰아이를 친구보다는 작은 부모로 생각하고 부탁하고 의지하며 세상에 대해 수동적인 태도를 보일 확률이 높다. 다른 양상은 큰아이는 어린 나이에 부모의 역할을 하며 동생을 키우게 되는 부모화 과정을 겪게 되거나 반대로 동생과 아예 관계를 소원하게 하여 이기적인 큰아이가 되기도 한다.

그러나 장점을 잘 활용하면 큰아이가 양육의 든든한 지원자가 되면서 유능감을 높이고 세상사를 배울 수 있는 기회가 된다. 작은아이에게는 모르는 것을 물어보고 도움을 받아 성장해 갈 수 있는, 또 하나의 가깝고도 유능한 교육자가 생긴 것이다. 둘이 놀이를 할 때 함께하는 놀이를 하되, 인지발달이나 전략을 요하거나, 신체발달능력을 요하는 놀이보다 우연성이 들어 있는 게임 같은 것들도 도움이 된다.

② 터울이 작을 경우

형제간에 터울이 작은 경우, 장단점이 있다. 큰아이와 작은아이 간의 서열이 잘 지켜지지 않아 자주 싸우거나 유사한 관심과 욕구로 나눠가지기의 문제, 형제로부터 유능감을 확인하기 위한 경쟁구조, 부모에게 바라는 사랑의 양과 방식이 유사하여 나타나는 질투로 인한 갈등은 터울이 작은 경우 아이들이 갖는 단점이다. 그러나 이러한 단점의 특징을 장점으로 활용하는 방법이 있다. 연령이 비슷하니 형이나 동생이지만 친구의 역할을 해줄 수 있고, 유사한 욕구를 지녔으니 부모가 동시에 채워줄 수 있는 방법도 있다. 예를 들어, 보드 게임을 좋아하는 아이들에게 하나의 보드 게임으로 둘이 놀도록하면 게임놀이에 대한 욕구도 해결되고 서로 대상이 되어줄 수 있어 좋다. 발달단계가 유사하여 서로 원하는 것, 잘하는 것이 유사하다는 점에서 함께할 수 없는 것보다 할 수 있는 것이 더 많다는 장점이 크다. 부모가 비교를 하거나 의도적으로 경쟁을 부추기지 않는다면 무엇인가 잘하고 싶은 욕구, 유능한 욕구는 건강한 경쟁 심리와 질투에 의해 더 촉진될 것이다.

(3) 쌍둥이 형제자매

쌍둥이를 키우는 일은 일반 형제를 키우는 것보다 특별히 무엇인가를 고민하고 해결해야 할 것들이 있다. 기본적인 양육지식뿐만 아니라 쌍둥이를 키우며 부딪치게 될 문제와 해결책에 대해서 미리 알아두는 것이 필요하다.

① 쌍둥이 형제자매를 위한 양육 키워드

- 쌍둥이 자녀를 위한 특별 양육지식을 쌓아두자.
- 각자 다른 취미와 특기를 키워주라.
- 다른 사람이 알아볼 수 있도록 신체적인 특징을 차별화시켜 주어라.
- 각자에게 따로따로 부모의 사랑을 전하라(일대일 데이트, 놀이시간, 동화책 따로 읽어주기, 따로 기도해주기 등).
- 서로 떨어져 있는 시간을 만들어주어라.
- 다른 또래관계망을 만들어주어라(언어발달과 사회성 발달, 폭 넓게 세상을 볼 수 있는 기회).
- 연령이 어리더라도 서로가 너무 경쟁적이고 열등감이 있는 형제가 있다면 다른 반으로 보내라.
- 초등학교 고학년부터는 학교생활을 분리해주어라(반 분리, 학교 분리).
- 부모의 스트레스를 관리하라.

2) 다양한 가족 형태 내의 형제자매들을 위한 예방과 대처

(1) 재혼가정의 형제자매들

① 헤어진 친부모에 대한 존중과 이해

서로 다른 부모와 환경에서 성장한 재혼가족 내 형제자매관계는 이전 가족 내의 경험과 기억에 대해 함께 공유할 수 없다는 사실로 인해 좌절감과 정서적 단절을 많이 느낀다. 헤어진 친부모에 대한 상실의 아픔을 잘 이해해준다면 계부모와 형제들의 관계와 이복형제들 간의 관계도 진전을 보일 것이다.

이복형제자매가 한 지붕에서 자라기 위해서는 계부모와 자녀 간의 관계도 매우 중요한데 이들의 관계를 더 가깝고 편한 관계로 발전시키기 위해서는 마음의 상처를 치유하고 새로운 부모와 형제자매를 받아들일 수 있는 마음을 얻도록 하는 것이 핵심적 기능을 할 것이다.

② 충분한 사랑과 공평한 대우

형제를 대하고 교육하는 과정에서도 공평하게 대하는 것을 중요하게 여기고 양육해야 한다.

형제들이 애정을 얻기 위해 경쟁한다거나 재혼해온 어머니의 자녀와의 관계를 받아들일 수 있도록 준비시키는 것도 중요하다. 재혼한 부와 모가 전혼자녀에게 정서적으로 강하게 밀착되어 있을 때 이들의 적응을 어렵게 할 수 있다. 그러므로 재혼부부는 이복형제자매들이 건강한 관계를 가지고 새로운 형제관계를 형성하도록 돕고자 한다면 정서적 관계에서 동정이나 연민, 죄책감은 걷어내고 보다 미래지향적인 양육태도를 가지고 형제를 대할 필요가 있다. 계부모가 전혼자녀에게 정서적 거리를 적당히 유지하지 못한다면 형제관계뿐만 아니라 부부관계도 위협받을 수 있음을 명심하도록 한다. 공평하다는 것은 무엇인가를 똑같이 준다기보다는 연령과 자녀의 특성에 맞는 것을 두 아이 모두에게 적절하게 주는 것이다. 같은 만족감을 얻도록 하는 것이 공평한 대우의 목표이다.

③ 서로 사랑하도록 강요하지 않기

이복형제들에게 처음부터 우애와 사랑을 강요해서는 안 된다. 그들이 처음부터 좋은 감정으로 양쪽 부모가 원하는 관계를 형성할 가능성은 높지 않다. 그들에게 양쪽 부모의 욕구가 앞서간다면 반감으로 저항할 확률이 더 높다. 아이들의 어색하고 거부하고 싶으며 혼란스러운 감정을 인정하고 기다려주어야 한다. 상대를 존중하고 예의를 지키는 행동부터 목표로 시작하는 것이 현실적이다.

④ 현실적인 문제 해결하기

재혼가정의 가족구성원이 모두 모인 자리에서 호칭을 어떻게 할 것인지, 각자 의견을 묻고 합의를 보는 시간이 필요하다. 이러한 합의과정을 거치고도 경멸조의 별명을 붙이거나 상대를 존중하지 않는 호칭을 쓴다면 훈육하는 것이 필요하다.

방 사용에 있어서도 되도록 각자의 방을 만들어주는 것이 좋다. 이는 기존에

살고 있는 아이에게 심리적인 침해를 덜 느끼게 하고 새로 들어와 살 아이에게
는 위축감을 덜 느끼게 하는 것이다. 새로 이사를 갔거나 집을 개조한 경우
라면 다 같이 모여서 방 배정에 대해 의논하고 합의과정을 거치는 것이 필요
하다.

⑤ 개인보다는 팀 활동 장려하기

이복형제들이 경쟁을 하는 구도보다는 함께 팀을 이루고 협력할 수
있는 기회를 주어라. 애정을 맺도록 강요하기보다는 무엇인가를 함께하는
동료로서 서로 협력하며 공동의 목표를 이루도록 하는 것이다. 대청소 하는
날, 아이들에게 거실청소의 공동 목표를 주거나 게임을 할 때 같은 팀으로
구성하는 것도 좋다. 이런 과제는 부와 모가 따로 주는 과제가 아니라 부모가
공동으로 아이들에게 주는 과제로 진행하는 것이 반감이 준다.

⑥ 계부모 역할에 대한 부모와 자녀 간의 합의

재혼가정 형제자매들에게 친부모와 계부모 간 역할 차이에 대해 부부가
서로 합의하고 일관성 있게 양육하는 것이 필요하다. 계부모 역할을 잘하려면
아이의 친부모인 배우자로부터 부모로서의 권리를 인정받고 아이하고도
합의를 보도록 한다. 계부와 모는 잘하려고 한 행동일지라도 서로 오해를
불러일으킬 수 있고, 특히 자녀 입장에서 억울하다고 느끼는 일이 생길 수 있다.

⑦ 새로운 자녀의 출생에 대한 준비와 합의

재혼가정 내에서 새로운 자녀의 출생은 기존의 재혼가정 형제자매(이복형

제)에게 새로운 가족구성원을 받아들여야 하는 또 하나의 심리적 과제를 주는 것이다. 결합한 두 가족의 적응시간을 충분히 고려하고 그들 간의 관계가 원활해졌을 때 새 아이를 가지는 것에 대해 고려 해보는 것이 좋다. 기존의 적응단계에 있는 형제들과의 충분한 대화를 통해서 재혼 후 자녀 출산에 대해 신중히 결정한다. 새로 태어날 자녀는 두 가족을 가깝게 하는 견인차가 될 수도 있고 또 하나의 스트레스 원인이 될 수 있음을 명심해야 한다.

⑧ 적극적인 전문적 도움 추구

대부분 재혼가족의 부모와 자녀들은 자신의 상태를 알리고 싶어 하지 않는 특성이 있다. 이웃이나 선후배, 동료 등으로부터 조언을 구하고 도움을 요청하는 것도 방법이지만 이복형제 자매의 심리발달적 지식에 대해 전문적으로 잘 준비된 상담가에게 전문적인 도움을 받을 것을 권한다. 재혼가족의 양육과 이복형제자매간의 관계형성에 대한 집단 프로그램이나 부모교육 프로그램에 참여하기를 바란다. 다시 말해 새 부모 및 이복형제와의 관계설정에서 나타날 수 있는 갈등을 효율적으로 해결하기 위해 전문적인 도움을 적극적으로 받을 것을 권장한다. 또한 비혈연 가족관계 사이에서 발생 가능한 성적(sexual) 위험에 대한 정보를 가지고 이복형제관계를 잘 이끌어 나가는 것도 필요하다.

(2) 장애아를 둔 가정의 비형제자매

장애아가정의 비장애형제는 일반가정의 형제에 비해 특수한 경험을 한다고 볼 수 있다. **PART 01**에서 살펴본 바와 같이 많은 비장애형제들이 장애형제와 가족 내의 역동으로 심리적 디스트레스를 경험하고 적절히 해소하지 못하고 있다. 그들은 부모로부터의 양육 결핍에서부터 부모화되거나 형제관계의 단절, 죄책감 등의 정신건강과 적응을 해치는 경험을 하고 있어 부모의 적절한 대처가 절실히 필요하다. 비장애형제들은 자신에게 주어진 현실을 이겨내기 위해 내외적으로 부단히 노력할 것이다. 그러나 부모가 적절히 지원해 준다면 이를 성장을 위한 디딤돌로 여길 것이다. 만약 부모가 비장애아가 혼자 고군분투하도록 내버려둔다면 비장애형제는 장애형제의 존재를 큰 짐으로 느끼고 삶의 전반에서 심리적 어려움을 지속할 가능성이 높다.

① 평소의 좌절된 욕구를 질적으로 해결하기

부모가 장애형제에게 많은 시간과 에너지를 할애하고 장애형제 중심으로 가족의 역동이 진행되므로 비장애형제는 부모에 대한 애정욕구가 좌절되고 가족에 대한 불만이 쌓일 수 있다. 가끔 부모와 가족에 대한 불만을 표출하기 위해 청소년기에 바깥으로 나돌고 관계 욕구를 또래관계에서 충족하거나 이성친구에게서 얻고자 하는 경우도 있다. 뿐만 아니라 비장애형제는 또래들이 형제관계로부터 얻는 기대와 욕구가 충족되지 않아 좌절감을 느끼고 그들에 대한 불만이 쌓여 표현되기도 한다.

부모는 장애형제로 인해 좌절된 비장애형제의 욕구들을 이해하고 이를 해결해주어야 한다. 하루에 30분이라도 전적으로 함께 노는 시간을 가지거나 연령이 높은 아이라면 비장애형제와의 독립적인 시간을 가지고 대화를 하거나 일일데이트, 공동의 취미생활을 하며 욕구를 채워줄 필요가 있다. 비장애형제아들이 이런 부모와의 질적인 시간을 통해 부모와 가정으로부터의 사랑을 적절히 경험하면 장애형제에 대해 보다 호의적이고 수용적으로 자신의 역할을 하고자 노력할 것이다. 자녀 모두를 데리고 시간을 함께 보내는 것도 중요하지만 정작 이들이 원하는 것은 짧지만 자신만을 위한 온전한 질적인 상호작용임을 기억해야 한다.

"저는 왜 동생 때문에 평생을 이렇게 살아야 해요? 열일곱 살 때까지 우리 집에 저는 없었어요. 동생 때문에 제 삶은 엉망이었고 더 이상 희생되고 싶지 않으니 동생 일로 연락하지 말아주세요. 저는 차라리 지금 생활이 좋아요."

희귀병 동생을 둔 형이 가출하여 보내온 문자이다. 동생의 의료비를 지원받기 위해 방송사에 어려움을 전한 부모는 큰아이의 가출에 대해 상담센터에 도움을 요청해왔다. 부모, 교사, 방송작가, PD의 설득에도 불구하고 큰아이에게서 돌아온 문자는 냉랭하기만 했다. 그는 17세까지 동생 때문에 자신의 삶은 엉망이었고 더 이상 희생되고 싶지 않으니 동생 일로 연락하지 말라는 고통스러운 마음을 전했다. 그리고 현재의 생활에 만족하고 있으며 차라리 이대로 사는 것이 좋다고 했다.

② 심리적 어려움 알아주기

부모는 비장애형제가 장애형제로 인해 얻을 수 있는 심리적 어려움을 이해해주는 것이 필요하다. 또한 친구관계에서 장애형제에 대해 부끄럽다는 감정을 가지고 있을 수도 있어 형제가 왜 그런 장애를 가지게 되었는지에 대해 설명해주고 그 마음을 인정해주며 장애형제에게 반드시 하지 말아야 할 행동에 대해 제한을 주는 것이 필요하다.

③ 특별 상담시간 가지기

아이와 장애형제로 인해 겪는 마음을 표현하는 시간을 특별히 가지고 아이의 이야기를 들어주고 마음을 알아주는 시간을 가져보자. 아이가 원한다면 대처방법을 조언해주는 것도 필요할 것이다. 장애아 형제로 인해 가족에게 가지는 책임감, 부담감, 자신의 죄책감, 창피함, 원망감 등 다양한 감정들을 들어주고 공감해주는 것이 필요하다.

특히 아이가 장애형제에 대해 가지는 부정적인 감정에 대해 그런 감정이 있을 수 있는 감정임을 인정해주는 것이 필요하다. 많은 아이들이 형제에 대해 느끼는 원망감과 수치심에 대해 죄책감을 느끼고 있다. 형제의 장애는 자신의 잘못이 아님을 인식시키는 것도 같은 맥락에서 이해될 수 있다. 아이의 심리적 어려움이 부모가 감당할 수위보다 높으면 전문적인 상담기관의 도움을 받아보는 것도 좋다. 아이가 부모에게 할 수 없는 이야기를 전문상담사에게 할 수 있고 보다 전문적인 조언과 대처를 얻을 수 있는 장점이 있다.

④ 구체적으로 조언하기

또래관계에서 장애아 형제에 대해 어떻게 대처할 것인지에 대해 구체적으로 조언하는 것이 필요하다. 그전에 무엇보다 비장애형제 스스로 장애형제에 대한 감정이 잘 정리되고 이해를 하고 있을 필요가 있다. 어려움을 가진 형제에 대해 자신 있게 친구들에게 설명해주기 위해서는 스스로의 내면에 먼저 이해와 인정하는 작업이 선행되어야 한다.

⑤ 발달연령에 맞게 대우하기

많은 부모들이 비장애형제를 장애형제와 비교해 어른취급하고 발달연령에 맞지 않는 집안일과 책임을 부과하는 경우가 있다. 그들이 장애형제를 돌보고 부모를 도와야 하는 건강한 자녀이기 이전에 어린아이라는 점을 기억해야 한다. 자녀의 발달연령에 맞는 욕구를 표현하도록 허용하고 대우하는 것이 이들이 건강하게 자랄 수 있도록 하는 키워드이다. 연령이 증가하면서 장애형제를 둔 아동들은 형제에 대한 책임감이나 사회적 편견, 부모의 기대에 대한 부담감이 늘어나는 반면 일반아동들은 형제관계로부터 경쟁의식이나 갈등, 정보 혹은 정서적 교류와 같은 경험의 기회가 늘어난다. 이러한 점을 감안하여 가족이나 친척 내에서 이러한 형제관계에서의 발달적 욕구를 충족하기 위한 대안을 마련해줄 필요가 있다.

⑥ 불편함을 장점으로 전환하기

연구에 따르면 질병이나 장애를 가진 형제와 함께 사는 아이들이 그렇지 않은 아이들 집단에 비해 더 성숙하고 책임감이 높고, 자신감이 있으며, 독립적이고, 참을성이 많으며, 마음이 따뜻하고 인도주의적이라는 결과가 있다. 그러므로 아버지와 비장애형제는 장애형제 때문에 얻는 불편함이나 손해를 장점으로 전환할 수 있는 마음가짐을 가지는 것도 필요하다.

제2차 세계대전 중에 해럴드 러셀이라는 공수부대원은 전투에서 포탄을 맞고 두 팔을 잃었습니다. 그리고 그는 참혹한 좌절에 빠져 괴로워합니다. '이제 아무 것도 할 수 없는 쓸모없는 불구자'가 되었다고 생각하며 방황하고 있는 그에게 의사가 의수(인공재료로 만든 보조 손)를 만들어주었습니다. 그것으로 그는 타이프를 치기 시작했습니다.

그의 삶은 영화화되어 그는 직접 주인공으로 영화에서 연기를 하고 마침내 아카데미 주연상을 받게 됩니다. 신체적인 조건이 당신을 절망케 하지 않았는지 묻는 기자의 질문에 그의 대답은 결연하다 못해 숭고했습니다.

"아니요. 나의 신체적인 장애는 제게 큰 축복이 되었습니다. 잃어버린 것이나 자신에게 없는 것에 열등감을 느끼며 원망할 것이 아니라 자신이 가진 것과 남아 있는 것에 감사하며 남은 것을 사용한다면 잃은 것의 열 배를 보상받게 됩니다."

내게 없는 것, 잃어버린 것에 눈을 돌리고 욕심을 부린다면 질투와 절망, 원망만 쌓일지도 모른다. 그리고 세상의 모든 일이 없는 것으로 인해 불가능하다고 느낄지도 모릅니다. 그러나 가진 것을 찾고 세어보면 잃은 것보다 더 많은 가능성이 있 다는 것을 발견하게 됩니다.

출처: 『향기있는 사람』 두란노

무엇인가 다른 아이들에게 없는 성장을 위한 기회가 주어졌다고 마인드를 전환하는 것이다. 장애동생 때문에 집에서 놀 친구가 없다는 생각보다는 장애형제와 함께 놀 수 있는 환경을 제공해주고 비장애형제가 장애형제와도 잘 놀고 어울릴 수 있는 사회적 유능성이 뛰어난 아이가 되도록 기회를 제공하고 아이도 그런 자신의 유능감을 확인하면서 보람을 얻도록 할 수 있다.

⑦ 장애형제로 향하는 공격성 중재하기

장애형제들은 비장애형제로부터 언어적·신체적 공격을 당할 때가 많다. 비장애형제들은 자신이 받은 디스트레스를 장애형제에게 언어적·행동적 공격을 통해 해소하려 할 때가 많다. 이는 다시 부모로부터 부정적 피드백을 받으면서 공격성을 가중시켜 악순환될 수도 있다. 부모는 장애형제와 비장애형제가 함께 보내는 시간을 잘 관찰하여 일방적으로 공격을 당하거나 장애를 가졌지만 서열에 대한 예의를 지키지 않는 비장애형제의 행동을 관찰하고 교정해줄 필요가 있다.

⑧ 서열문제 중심 잡기

장애아동을 둔 가정에서 형제간 서열은 명확히 해야 할 부분이다. 어릴 때부터 부모는 장애아이에 대한 비장애형제들의 서열적 태도를 주시하고 명확히 바로잡아 주는 것이 필요하다. 부모가 관심을 가지고 형제관계의 서열을 세우는 가정과 그렇지 않은 가족 간에는 명확한 차이를 보인다. 장애를 가진 아동이 큰아이인 경우 집에서 동생에게 무시당한다면 사회적 관계에서도 큰 위축을 보일 것이다. 자신의 장애에도 불구하고 존중하며 대해주는 가족의 정서적 지지는 장애아동에게 큰 힘이 되어 가정 밖에서의 사회적 자신감을 줄 것이다.

⑨ 상호작용 패턴 교정하기

대부분의 비장애형제들은 출생순위와 상관없이 장애아동형제에 대해 주도적인 역할을 하게 되고 지속적으로 도움을 주어야 한다는 심리적 압박을 경험한다. 이는 또래관계와 대인관계로 확장이 되어 평등한 입장에서의 상호작용보다는 늘 주도하려 들거나 독단적으로 처리하려는 상호작용 패턴을 보일 때가 있을 것이다. 이에 부모는 아동이 형제관계를 떠나서 자신의 또래관계에서 상호작용하고 관계기술을 배워 나갈 수 있도록 또래관계형성을 도와줄 필요가 있다. 이를 위해 지속적으로 아이를 관찰하고 또래와의 트러블의 원인을 알아보아 아동이 자신도 모르는 잘못된 상호작용 패턴으로 또래관계에서 실패감이나 좌절감을 느끼지 않도록 해야 한다.

(3) 조손가정, 한부모가정의 형제자매들

조손가정이나 한부모가정의 형제자매들은 양쪽 부모의 든든한 양육적 지원이 어려운 경우에 해당한다. 일반가정 아이들과 달리 형제관계에서 다른 역동을 보이며 발달의 양상도 달라진다.

① 큰아이의 부모화 문제

이런 가족의 경우 큰아이는 연령에 비해 가족 안에서 막중한 책임과 자신의 연령에 맞지 않는 역할을 부여받게 된다. 한쪽 부모가 부재한 경우, 큰아이들은 무의식적으로 자신이 부재한 부모의 역할을 하기 위해 가성숙되거나, 양쪽 부모가 부재하여 연로한 할머니가 키울 때 큰아이는 어린 나이 때부터 부모의 역할을 수행하고자 하기도 한다. 그러나 큰아이는 어린 자식으로서의 자신의 욕구나 감정을 형제와 혼자 남은 부모, 할머니를 위해 억압하게 되고 이후 대인관계 문제나 우울, 불안과 같은 정신 건강상의 어려움을 얻는다. 따라서 이런 가족 내의 큰아이에 대해 부모는 지나친 성인 역할을 전가하지 않고 그 아이의 발달연령에 맞는 욕구와 감정을 표현할 수 있도록 도울 필요가 있다.

② 막내의 퇴행행동

이러한 가정 내에서 막내로 자라는 형제들은 대부분 익애를 받고 있거나 조손가정이나 한부모가정이 발생되었을 당시의 연령대에 정지시켜 양육하는 경우가 있다. 연령이 증가하였음에도 불구하고 늘 어린아이로 취급하거나 불쌍한 아이로 여겨 행동의 제한이나 훈육상에 어려움이 있게 된다. 결코 이러한 대접이 아이의 삶에 도움이 되지 않는다는 것을 명심하고 막내가 일정한 연령에 다다르고 가정의 상황에 대해 이해할 수 있는 연령이 되었을 때는 일반가정의 아동들과 같이 훈육하는 것이 필요하다. 그것이 불리한 가족구조라는 역경을 딛고 더 잘 자랄 수 있는 방법이다.

(4) 맞벌이 가족의 형제자매들

부모가 맞벌이로 일하는 경우, 형제자매들은 부모 대신에 서로 돈독한 우애를 지닐 수밖에 없다. 가끔은 지나치게 밀착되어 부모가 들어갈 자리가 없기도 하다. 아이들이 알아서 잘 논다고 판단하여 그대로 둔다면 부모 · 자녀관계의 거리는 가까워지기 어려울 것이다. 부모와 아이들이 함께 보내는 시간을 늘려야 한다. 특히 아버지와 큰아이, 어머니와 큰아이, 아버지와 작은아이, 어머니와 작은아이 등으로 일대일의 짝을 조화롭게 지어 좋은 시간을 보내고 친밀감을 유지하도록 한다. 부부가 일로 바쁘다 보면 아들과 아빠, 딸과 엄마, 아들과 엄마, 딸과 아빠와 같이 편이 갈리는 경우가 많다.

형제자매를 키우고 계신 부모님들께

아이들을 잘 키우기에 세상이 참 복잡하고 어려워졌습니다. 그래서 많은 부모들이 하나를 키우면서도 쩔쩔매고 힘겨워합니다. 그런 중에도 아이를 둘 이상 낳고 거뜬히 키워내시는 어머님들께 큰 박수를 보내고 싶습니다. 그 어머님들이 어떤 시간을 보내고 계신지 누구보다 잘 알기에 박수보다 더 큰 상을 드리고 싶어집니다. 아이들이 싸우기라도 할 때면 부모자리를 떠나고 싶을 때도 있을 것입니다. 드라마에 나오는 것처럼 아이들이 서로 사랑하며 사이좋게 지내는 것이 그리 쉬운 일이 아닙니다. 사소한 일로 티격태격 온 집안을 뒤흔드는 아이들을 보면 하루에도 몇 번씩 화가 치밀고 속이 끓어 오릅니다. 그러나 이런 힘든 시간도 귀하다고 생각하면 귀해지고 내려놓고 싶다고 생각하면 큰 문제가 됩니다.

중요한 것은 어떻게 생각하느냐입니다

모든 가정은 나름대로의 고충이 있습니다. 하나를 키우면 하나이기에, 둘을 키우면 둘이기에, 셋 이상을 키우면 셋이기에 그 나름대로의 이해받아야 하는 사정들이 다 있다는 것입니다. 부모가 이 현실을 어떻게 받아들이고 대처하느냐에 고통은 행복이 되고 행복은 고통이 되겠지요.

형제(자매)를 키우는 일은 축복받은 경험입니다

요즘 주변의 많은 부모들이 불임으로 마음을 졸입니다. 한 명의 자식이라도 가질 수 있어 그 작은 분신으로부터 '엄마'와 '아빠' 소리를 들을 수 있다면 얼마나 좋을까 하며 애타합니다. 이렇게 가지지 못하는 사람들을 생각하면 매일 티격태격 엄마 힘을 빼는 그 아이들이 얼마나 귀하고 사랑스럽습니까. 남들이 밖에 나가서 돈을 들여 얻어야 할 것들을 우리는 집에서 앞서 간 형제에게서 공짜로 배울 수 있는 일은 또 얼마나 감사합니까? 아이가 혼자 놀며 외롭고 심심해할 때 재잘거리며 재밌게 놀 친구가 24시간 함께해준다는 것은 또 얼마나 다행입니까? 부모가 없을 때를 상상하면 그들끼리 부둥켜안고 힘을 주고받으며 살아갈 수 있다는 것은 또 얼마나 가슴을 쓸어내릴 일입니까?

형제(자매)를 키우는 많은 어머님들이 가끔은 둘을 보고 있노라면 든든한 심정이 느껴진다고 합니다. 부모가 이런데 아이들은 어떻겠습니까? 자식에게 부모가 줄 수 있는 것은 많습니다. 그러나 그 무엇도 형과 누나와 언니, 동생과 바꿀 수는 없습니다. 풍족하게 키우지 못하더라도 큰 재산을 물려줄 수 없더라도 돈으로 살 수 없는 값진 선물을 이미 하셨습니다. 선물을 준 사람이 느끼는 행복과 뿌듯함을 마음껏 누리십시오. 누릴 자격 있습니다.

그러나 이렇게 값진 선물이 득이 되어야 하는데 해가 되면 어쩌나 염려가 되실 때도 있을 것입니다. 잘 자란 형제는 삶을 살아가는 데 큰 가르침이 되고 자원이 되지만 부모의 편애와 차별대우로 상처를 입은 아이들은 일생동안 마음의 병을 끌어안고 살아갑니다. 아이들이 받은 형제(자매)선물이 삶에 이득이 되도록 하는 것은 부모님들의 현명한 태도에 달려 있습니다.

가끔 아이들이 싸우는 이유가 누구의 잘못된 욕심인지 추궁하지만 마시고, 더 큰 잘못을 한 사람이 큰아이인가 작은아이인가를 따지지 마시고 부모님의 마음과 행동을 들여다보십시오. 부모님의 편애와 차별대우, 비교하는 말 한마디가 그들이 내고 있는 화의 불씨가 되었을지도 모릅니다. 화를 만든 사람이 화를 내는 아이들에게 화를 내고 있지는 않은지 살펴보세요.

각각의 아이들에게 핵심적인 양육방법이 있습니다. 둘째가 태어나기 전에 큰아이와 어떻게 준비해야 하는지, 큰아이를 이기려는 작은아이에게 어떻게 가르쳐야 하는지, 눈치 보는 중간아이에게 무엇을 조심해야 하는지, 떼쟁이 막내에게 약이 되는 것은 무엇인지를 공부해야 합니다.

아이들이 자라서 부모와 형제들로부터 받았던 상처를 많이 들추어봅니다. 그때 부모가 핵심기술 몇 가지만 알았더라면 하며 안타까울 때가 한두 번이 아닙니다. 아이들에게 공부를 가르칠 때처럼 스스로가 양육공부를 할 때도 핵심을 잡으십시오.

형제들의 싸움터를 배움의 장으로 바꿔보십시오

형제들이 싸운다고 애만 태우지 마세요. 싸우지 않으면 이길 수도 없고 양보할 수도 없으며 타협하는 기술도 알 수가 없습니다. 싸우며 자랄 수 있는 형제들이 나중에 훌륭한 경쟁자가 되고 유능한 사회인이 될 수 있습니다. 싸움, 그 자체만 멈추는 데 급급하지 마시고 싸움을 통해 아이들이 배울 수 있는 것이 무엇인지 가르치십시오. 이기고자 하는 동기, 가끔은 내줄 수 있는 양보하는 마음, 결국 원하는 것을 얻기 위해 타협하는 마음, 지는 것이 이기는 것이 되는 원리……. 아이들이 싸우는 날, 부모가 화만 내고 말았다면 그날은 본전도 찾지 못한 장사를 하셨습니다.

내 아이들이 형제가 있음을 자랑하도록, 그 행복을 만끽하도록 하십시오

가끔 어린이집에 다니는 아이들의 대화를 듣고 있노라면 동생이 있고 형이나 누나, 언니가 있다는 것을 재산인 양 자랑삼습니다. 집에 부모님이 안 계실 때는 각자 방에서 자기 일을 할지라도 일단 든든해집니다. 가끔은 혼자가 될 때를 상상해보지만 문득 떠오르는 지원군은 피를 나눈 사람임을 알게 됩니다. 형제가 있음이 자랑스럽고 행복하며 이 세상에 그 무엇보다 중요한 것을 가졌음을 만끽하도록 합시다. 형제를 키우는 어머님들도 이 귀하고 축복된 삶을 즐기십시오.

형제자매를 키우는 어머님들의 축복된 나날을 축하드리며…….

참고문헌

김광웅 외(2003). 101가지 놀이치료기법. 중앙적성출판사.

김은아(1997). 부모-자녀관계 및 아동의 기질과 형제관계. 숙명여자대학교 대학원 아동복지학과 석사학위논문.

김준희 · 김광웅(2006). 짝 치료의 주요원리와 활동에 대한 개관. 한국놀이치료학회지, 9(2), 1–15.

김춘경(2004). 아동상담-이론과 실제-. 학지사.

김현희 외(2010). 상호작용을 통한 독서치료. 학지사.

양혜영(2001). 형제라는 이름의 타인. 올림.

유영주 외(2000). 가족관계학. 교문사.

이은하 · 정계숙(2006). 형제관계 개선을 위한 부모-자녀 놀이치료 프로그램 효과 연구. 아동학회지, 27(5), 45–65.

이준영(2010). 미술치료 여행노트. 성안당.

전귀연 · 임주연(2006). 형제관계. 신정.

Adler, A.(1987). 아들러 심리학 해설. 설영환 역. 선영사.

Bank, S. P. & Kahn, M. D.(1982). *The siblings bond*. N.Y.: Basic Books Inc.

Bloomberg, C.(1948). An experiment in play therapy. *Childhood Education*, 25, 177–180.

Cicirelli, V. G.(1995). *Sibling influence throughout the lifespan*. In M. E. Lamb & B.

Sutton–Smith(Eds.). Siblings relationships: Their nature and significance across the lifespan. NJ: Lawrence Erlbaum Associates, 267–284.

Ginott, H. G.(1982). Group psychotherapy with children. In G. L. Landreth(Ed.). *Play therapy: Dynamics of the process of counseling with children*. Springfield, IL: Thomas. 327–341.

Ginott, H. G.(1994). *Group psychotherapy with children: The theory and practice of play therapy*. New York: McGraw–Hill.

Hughes, H.(1982). Brief intervention with children in battered women's shelter: A model preventive program. *Family Relations Journal of Applied Family and Child Study*, 31(4), 495–502.

Karcher, M. J. & Lewis, S. S.(2002). Pair counseling: The effect of a dyadic developmental play therapy on interpersonal understanding and externalizing behaviors. *International Journal of Play Therapy*, 11(1), 19–41.

Lewis, K.(1988). Sibling therapy: A blend of family and group therapy. *Journal for Specialists in Group Work*, 12(4), 186–193.

Lobaugh, A.(1991). Filial therapy with incarcerated parents. Unpublished doctoral dissertation, University of North Texas, Denton, TX.

Marian, E. B.(2004). 똑같은 자식이라도 다른 사랑이 필요하다. 이주연 역. 중앙M&B.

Rosenberg, E.(1980). Therapy with siblings in reorganizing families. *International Journal of Family Therapy*, 2(3), 139–150.

Saul, L. J.(1998). 인격형성에 미치는 아동기 경험 양식. 이근후·박영숙·문홍세 역. 서울: 하나의학사.

Schibuk, M.(1989). Treating the sibling subsystem: An adjunct of divorce therapy. *American Journal of Orthopsychiatry*, 34(6), 581–588.

Sroufe, L. A. & Fleeson, J.(1986). Attachment and the construction of relationships. In W. Hartup & Z. Rubin(Eds.). *Relationships and development*. N.Y.: Cambridge University Press. 55–71.

Stocker, C., Dunn, J. & Plomin, R.(1989). Sibling relationships: Links with child temperament, maternal behavior, and family structure. *Child Development*, 60, 715–727.

Sweeney, D. S. & Homeyer, L. E.(1999). Group Play Therapy. *The Handbook of Group Play Therapy: How to do it, How it works, Whom It's Best for*. San Francisco: Jossey–Bass. 3–35, 105–138.

최명선

학 력

숙명여자대학교 학사, 석사 및 박사 졸업(아동상담 전공)
Gestaltpsychotherapie für Kinder und Jugendlischen(Gestalt Institut Köln in Germany)
Ausbildung in'Methoden und supervision der Gestaltpsychotherapie'(saarbrücken)

경 력

현) 아동청소년상담센터 맑음 소장
　　맑음 부설 아동청소년심리치료연구소 소장
전) 동신대학교 상담심리학과 교수
　　한국놀이치료학회, 상담심리학회 편집부위원장
　　상담심리학회, 놀이치료학회, 인간발달학회 등 다수 학회의 편집위원/학술위원
　　숙명여자대학교, 덕성여자대학교, 강원대학교 강사

저 서

『놀이치료: 아동중심적 접근』
『놀이치료의 치료관계와 치료성과』
『아동청소년심리척도 핸드북』
『꿈을 찾으면 내 직업이 보인다』
『사회조사방법론』
『논문의 저술에서 출판까지』
그 외 인관관계론/인성함양/리더십개발 등 다수의 저서와 학술논문 저술

송현정

학력

숙명여자대학교 아동복지학 전공 학사
숙명여자대학교 아동복지학과 아동상담 전공 석사 및 아동심리치료 전공 박사

경력

현) 맑음 부설 아동청소년심리치료연구소 부소장
　　아동청소년상담센터 맑음 놀이치료사
전) 단혜아동상담센터 상담원
　　원광아동상담센터 상담원
　　경인교육대학교, 광운대학교 강사

저서

『집단발달놀이치료: 이론과 실제』

형제자매 갈등 대처하기

초판발행 2012년 11월 9일
초판 2쇄 2019년 1월 11일

지은이 최명선·송현정
펴낸이 채종준
기 획 이주은
편집디자인 김소영
표지디자인 박능원

펴낸곳 한국학술정보(주)
주소 경기도 파주시 회동길 230 (문발동)
전화 031 908 3181(대표)
팩스 031 908 3189
홈페이지 http://ebook.kstudy.com
E-mail 출판사업부 publish@kstudy.com
등록 제일산−115호(2000. 6. 19)

ISBN 978-89-268-3660-6 14370 (Paper Book)
       978-89-268-3661-3 15370 (e-Book)
       978-89-268-3646-0 14370 (Paper Book set)
       978-89-268-3647-7 15370 (e-Book set)